नाटक

तीन एकान्त

लेखक की कृतियाँ

कहानी-संग्रह

परिन्दे (1959), जलती झाड़ी (1965), पिछली गर्मियों में (1968), बीच बहस में (1973), कव्वे और काला पानी (1983), प्रतिनिधि कहानियाँ (1988), सूखा तथा अन्य कहानियाँ (1995), थिगलियाँ (2024)

उपन्यास

वे दिन (1964), लाल टीन की छत (1974), एक चिथड़ा सुख (1979), रात का रिपोर्टर (1989), अन्तिम अरण्य (2000)

यात्रा-संस्मरण/डायरी

चीड़ों पर चाँदनी (1963), हर बारिश में (1970), धुंध से उठती धुन (1997)

निबन्ध/व्याख्यान

शब्द और स्मृति (1976), कला का जोखिम (1981), ढलान से उतरते हुए (1985), भारत और यूरोप : प्रतिश्रुति के क्षेत्र (1991), इतिहास स्मृति आकांक्षा (1991), शताब्दी के ढलते वर्षों में (संचयन, 1995), दूसरे शब्दों में (1997), आदि, अन्त और आरम्भ (2001), साहित्य का आत्म-सत्य (2006), सर्जना पथ के सहयात्री (2006)

नाटक

तीन एकान्त (1976)

अनुवाद

पराजय : अलेक्सांद्र फ़देयेव (1954), बचपन : लेव तोल्स्तोय (1954), कुप्रीन की कहानियाँ : अलेक्सांद्र कुप्रीन (1958), रोमियो, जूलियट और अँधेरा : यान ओत्चेनाशेक (1964), खेल-खेल में : चेक कहानियाँ (1966), इतने बड़े धब्बे : चेक कहानियाँ (1966), झोंपड़ीवाले और अन्य कहानियाँ : मिहाइल सदौवेन्यु (1966), कारेल चापेक की कहानियाँ (1966), बाहर और परे : इर्शी फ्रीड (1969), आर.यू.आर. : कारेल चापेक (1972), एमेके : एक गाथा : जोसेफ़ श्कवोरेस्की (1973)

पत्र

प्रिय राम, प्रिय निर्मल (2006), देहरी पर पत्र (2010), चिट्ठियों के दिन (2010)

साक्षात्कार

संसार में निर्मल वर्मा (2006)

संचयन

दूसरी दुनिया (1978)

तीन एकान्त

निर्मल वर्मा

राजकमल प्रकाशन

पहली बार राधाकृष्ण प्रकाशन से 1976 में प्रकाशित
पहली बार **राजकमल** से 1990 में प्रकाशित

ISBN : 978-93-6086-041-7

मूल्य : ₹495

पुनर्नवा संस्करण : मई, 2024

प्रकाशक : राजकमल प्रकाशन प्रा. लि.
1-बी, नेताजी सुभाष मार्ग, दरियागंज
नई दिल्ली-110 002

शाखाएँ : अशोक राजपथ, साइंस कॉलेज के सामने, पटना-800 006
पहली मंजिल, दरबारी बिल्डिंग, महात्मा गांधी मार्ग, प्रयागराज-211 001
1, अनमोल सोराबजी सन्तुक लेन, धोबी तलाव, मरीन लाइंस, मुम्बई-400 002

वेबसाइट : www.rajkamalprakashan.com
ई-मेल : info@rajkamalprakashan.com

मुद्रक : विकास कंप्यूटर एंड प्रिंटर्स
ट्रॉनिका सिटी-201 102

TEEN EKANT
Three Monologues by Nirmal Verma

If only you do not try to utter what is unutterable, then nothing is lost. But the unutterable will be unutterably-contained in what has been uttered.

—Ludvig Witgenstein

क्रम

लेखक का वक्तव्य : एक अनुभव

निर्मल वर्मा

एक बार लिखी जाने पर किसी कृति की क्या नियति होती है, इसका रहस्य शायद कोई भी लेखक नहीं जानता। बहुत वर्ष पहले बेकारी के ख़ाली दिनों में मैंने 'माया-दर्पण' कहानी लिखी थी। तब यह कल्पना असम्भव थी कि एक दिन वह मेरी अन्य कहानियों को पीछे छोड़कर फ़िल्म के योग्य मानी जाएगी। इसी तरह जब हाल में मेरी इन तीन कहानियों (थ्री टेक्स्ट्स इन सॉलीट्यूड) को नाट्य-मंचन के लिए चुना गया तो इसीलिए नहीं कि मैंने उन्हें ख़ास स्टेज के लिए लिखा था। उनके बीच एकमात्र समानता यह थी कि वे मोनोलॉग स्वर में रची गई थीं, जब अकेले क्षणों में व्यक्ति अपने से

ही बोलने लगता है। यह वार्तालाप 'बाहर की दुनिया' से नहीं है, इसलिए परम्परागत अर्थ में इसे नाटकीय संवाद नहीं कहा जा सकता। किन्तु जो शब्द अपने से कहे जाते हैं, वहाँ 'स्व' ही लड़ाई का मैदान बन जाता है—अपनी भोगी हुई लांछना, पश्चात्ताप, विडम्बनाओं से घिरा हुआ—और इसी में इन शब्दों की लावारिस-सी नाटकीयता निहित है।

यह सोचना भ्रामक होगा कि 'नाटकीयता' केवल नाटक-विधा की सम्पत्ति है—दरअसल कला की हर विधा अलग-अलग ढंग से नाटकीय होती है, क्योंकि वह अलग-अलग रूपों में अपने को दुनिया से जोड़ती है (चाहे वह भीतर की दुनिया क्यों न हो)। जब किसी ने प्रसिद्ध उपन्यासकार हेनरी जेम्स से कला के रहस्य के बारे में पूछा तो उन्होंने केवल दो शब्दों में उत्तर दिया : 'Only dramatize'। जिस तरह नाटक में परदा उठते ही प्रतीक्षा करने लगते हैं कि 'अब कुछ होगा', उसी तरह जब कोई अनुभूति अपने मूक अँधेरे से उठकर शब्दों के प्रदेश में रास्ता टटोलती है, तब अचानक कुछ होने लगता है। यह स्फुरण—बेलौस, गूँगे अस्तित्व में कुछ होने का कम्पन—कुछ और नहीं, सिर्फ़ वह नाटकीय तत्त्व है, जिसके बिना नाटक ही नहीं, हर कला-विधा मृतप्राय हो जाती है। नाटकीयता हर कला-विधा में मौजूद रहती है, किन्तु हर विधा नाटक नहीं होती।

इसलिए कहानी के 'नाटकीकरण' पर बहस एक हद तक निरर्थक है। कोई भी सार्थक कथा-प्रयोग अपने में नाटकीय होगा, यह मैं मानता हूँ। किन्तु वह मंचन के लिए भी उपयुक्त होगा, यह ज़रूरी नहीं है। नाट्य-मंचन के लिए एक कहानी की विषयवस्तु निर्णयात्मक महत्त्व की नहीं, बल्कि वह फ़ॉर्म,

वह तंतुजाल महत्त्वपूर्ण है, जिसमें कहानी के नाटकीय तत्त्वों को बुना गया है। कहानी के फ़िल्मीकरण और नाटकीकरण के बीच यह मूलभूत अन्तर है। किसी भी कहानी का फ़िल्मीकरण महज़ उसकी विषयवस्तु के आधार पर हो सकता है, क्योंकि फ़िल्म-निर्देशक के लिए वह 'कच्चे माल' से अधिक महत्त्व नहीं रखता। दूसरी ओर, नाट्य-मंचन में कहानी का टेक्स्ट उतना ही महत्त्वपूर्ण है जितना स्वयं नाट्य-कृति का टेक्स्ट होता है—उसमें दृश्य और शब्द, दोनों महत्त्वपूर्ण हैं, अन्योन्याश्रित हैं। मंच की रोशनी में दोनों ही एक-दूसरे को उजागर करते हैं।

अत: कहानी को तोड़-मरोड़कर, उसके शब्दों को बदलकर, उसके फ़ॉर्म को भंग करके नाट्य-मंचन के लिए इस्तेमाल नहीं किया जा सकता—तब वह कहानी का नहीं, कहानी के बहाने एक 'नये' नाटक का मंचन होगा। न ही उसका मंच-पाठन (जब एक अभिनेता मंच पर किसी कहानी को अपने हाव-भाव, संकेतों, स्वर के उतार-चढ़ाव द्वारा नाटकीय ढंग से पढ़ता है) कहानी के नाटकीकरण की समस्या को सुलझा सकता है, क्योंकि समस्त नाटकीय संकेतों के बावजूद, वह मूल रूप से 'कथा-पाठन' ही माना जाएगा। इससे कहानी के टेक्स्ट की रक्षा तो हो जाएगी, किन्तु उसके मंचन की समस्या नहीं सुलझ सकेगी। चुनौती कहीं इन दोनों के बीच है, जब कहानी के मूल स्वभाव को विकृत किये बिना उसे मंच पर इस तरह प्रस्तुत किया जाए, जहाँ वह एक ही समय में नाटक का 'इल्यूज़न' दे सके और दूसरी ओर, कहानी की आत्यन्तिक फ़ॉर्म और लय को अक्षुण्ण रख सके। यहाँ समस्या कहानी के नाटकीय तत्त्वों को चुन-चुनकर स्टेज पर सजाना नहीं है,

बल्कि उस समूची नाटकीय लय को मंच पर पुनर्जीवित करना है, जो कहानी के भीतर अदृश्य रूप से व्याप्त है। अत: कहानी के सार्थक मंचीकरण में अभिनेता (या अभिनेत्री) एक साथ कहानी को 'पढ़ते' हैं और उसे जीते हैं। हर शब्द अपने में एक एक्ट है, महज़ एक्ट करने का माध्यम नहीं। शुद्ध नाटक के मंचन में अभिनेता शब्दों से एक स्थिति पैदा करता है और फिर स्थिति को झेलता है; किन्तु *कहानी के मंचन में टेक्स्ट का हर शब्द अपने में एक स्थिति है, उसे बोलना ही स्थिति को झेलना है।*

यह शायद सिर्फ़ संयोग नहीं था कि जिन कहानियों को मंचन के लिए चुना गया, वे कमोबेश 'स्मृति' में आकार ग्रहण करती थीं। तीनों पात्र किसी-न-किसी ढंग से अपने अतीत को वर्तमान में जीते हैं, गुनते हैं, उसके साथ सुलह करना चाहते हैं। स्मृति की यह विशेषता है (और इसमें वह स्वप्न से मिलती-जुलती है) कि उसमें शब्द अन्त तक पहुँचने का महज़ रास्ता-भर नहीं हैं, वे घटना का अन्त जानते हैं, अत: वे उसे अपने भीतर लेकर चलते हैं। जो व्यक्ति याद करता है, वह समग्रता (totality) में याद करता है। जिस प्रकार एक बार पूरा चित्र देखने के बाद यदि हम उस चित्र का सिर्फ़ अंश या डिटेल देखें तो उस अंश में भी हम चित्र की सम्पूर्णता देखते हैं (या उसकी झलक याद रखते हैं), उसी प्रकार स्मृति का हर शब्द अपने में सम्पूर्ण है, क्योंकि वह अन्त की सम्पूर्णता का ही अंश है। इसलिए स्मृति के शब्द एक साथ अभिशप्त और मुक्त होते हैं—अभिशप्त इसलिए कि वे कहानी दुहराते मात्र हैं, उसे बदल नहीं सकते। मुक्त इसलिए कि वे उस कहानी के अन्त की अनिवार्यता जानते हैं—दुहराने के दौरान वे उसे

मानते हुए भी उसकी खिल्ली-सी उड़ाते हैं। किसी आवाज़ की गूँज सिर्फ़ उसकी प्रतिध्वनि नहीं होती, पैरोडी भी होती है—और इसी में गूँज की स्वतंत्रता निहित है।

कहना असम्भव है कि 'तीन एकान्त' उपर्युक्त चुनौती को झेलने में कितना सफल हुए हैं—यह निर्णय दर्शकों और आलोचकों पर ही छोड़ना होगा। स्वयं मेरे लिए यह बात कि कहानियों को सुनने-पढ़ने के अलावा देखा भी जा सकता है, एक विस्मयकारी अनुभव था। जिन कहानियों को अरसा पहले मैंने अपने अकेले कमरे में लिखा था, उन्हें खुले मंच पर दर्शकों के बीच देखना कुछ वैसा ही था, जैसे टेपरिकॉर्डर पर अपनी आवाज़ सुनना, जो अपनी होने पर भी अपनी नहीं जान पड़ती। कहानी लिखना बहुत अकेलेपन की चीज़ है। यह सौभाग्य बहुत कम प्राप्त होता है कि ख़ुद अलग रहकर इस अनुभव को दूसरों के साथ बाँटा जा सके। किन्तु जब कभी ऐसा होता है तो वह अनुभव ख़ुद हल्का-सा हो जाता है, अपने अकेलेपन के बोझ को उतार फेंकता है। वह उस दुःख की जगह ले लेता है जिसके बारे में 'वीकएंड' की नायिका कहती है : "बँटने पर वह छोटा नहीं होता, बड़ा भी नहीं होता। सिर्फ़ साफ़ हो जाता है—चमकीला और साफ़।"

निर्देशक का वक्तव्य : कहानियों का रंगमंचीय संसार

देवेन्द्र राज

निर्मल वर्मा की तीन कहानियों ('धूप का एक टुकड़ा', 'डेढ़ इंच ऊपर' और 'वीकएंड') की मंच-प्रस्तुति के दौरान, एक निर्देशक के नाते यह बात शुरू से ही मेरे सामने साफ़ थी कि मुझे कहानियों के 'नाटकीय रूपान्तरण' की ओर नहीं बढ़ना, वरन् कहानी के अपने मूल 'फ़ॉर्म' में निहित कथ्य, शब्द और दृश्य को ही मंच पर स्थापित करना है। कहानी को सुनते हुए अथवा—उससे भी आगे—पढ़ते हुए श्रोता अथवा पाठक के सामने जो एक पूरा दृश्य-जगत् बनता चलता है, उसे मंच पर कैसे प्रस्तुत किया जाए? इसीलिए यह प्रयोग कहानी को सुनने

और पढ़ने से आगे की कड़ी तो है ही, लेकिन इसे नाटक अथवा फ़िल्म की संज्ञा भी नहीं दी जा सकती। शायद यह अनुभव 'कहानियों का रंगमंच' जैसी अपनी कोई संज्ञा उत्पन्न कर सके, इसका अभी मात्र एक संकेत ही दिया जा सकता है।

इन तीनों कहानियों की मंच-प्रस्तुति जिस तरह से विकसित होती चली गई—उस रचना-प्रक्रिया में से गुज़रते हुए उपर्युक्त प्रश्न, निष्कर्ष या धारणाएँ सम्भवतः और भी स्पष्ट हो सकें।

संयोग से तीनों कहानियों की भावभूमि और 'फ़ॉर्म' लगभग एक-जैसा लगा—तीनों में एक-एक पात्र है जो शुरू से लेकर अन्त तक एक लम्बा संवाद (मोनोलॉग) बोलता है, इसके साथ ही यह एक अहसास भी बना रहता है कि संवाद की शुरुआत किसी दूसरे पात्र के साथ होती है, लेकिन यहाँ उसकी उपस्थिति का कोई अर्थ नहीं रहता, क्योंकि न जाने कब यह संवाद मात्र स्व-केन्द्रित होकर रह जाता है। इस प्रकार ये कहानियाँ अकेलेपन के कुछ क्षणों में पात्रों के स्वयं अपने से साक्षात्कार की कहानियाँ हैं—इस मूल थीम को रेखांकित करने के लिए ही प्रस्तुति को एक सम्मिलित नाम 'थ्री टेक्स्ट्स इन सॉलीट्यूड' दिया गया था।

प्रस्तुति विशेष रूप से राष्ट्रीय नाट्य विद्यालय के स्टूडियो-थियेटर को ध्यान में रखते हुए तैयार की गई थी। इस तथ्य ने प्रस्तुति के दृश्य-जगत् को अपने ढंग से प्रभावित किया। इसके साथ ही तीनों कहानियों को एक ही संध्या को एक के बाद एक प्रस्तुत किया जाना था, अतः इस बात का भी ध्यान रखा गया कि बीच के अन्तराल में बहुत थोड़े-से मंच-उपकरणों के हेर-फेर से ही दूसरी कहानी का मंच तैयार किया जा सके। ऐसी स्थिति में यह अनिवार्य हो गया

कि अभिनेता के साथ-साथ प्रकाश-सज्जा और संगीत एवं ध्वनि-संयोजन को भी पूरा महत्त्व दिया जाए। इस प्रकार एक निश्चल चौखटे में कहानियों की मंच-प्रस्तुति एक फ़िल्म के 'चलायमान स्क्रीन' से बहुत अलग होती गई।

धूप का एक टुकड़ा

कहानी का दृश्य एक पब्लिक पार्क से शुरू होता है जहाँ कई बेंचें हैं, पृष्ठभूमि में एक चर्च है और जहाँ-तहाँ फैले धूप के कुछ टुकड़े हैं। लेकिन चर्च का अहसास केवल वहाँ से आते संगीत द्वारा कराया गया, मंच के नाम पर केवल आमने-सामने दो बेंचें, लेकिन बोलती हुई नायिका के विरोध में एक मौन पात्र को भी उपस्थित रखा गया। यह पात्र एक बूढ़ा है जो एक पैरेम्बुलेटर के सामने बैठा है और संयोग से उसी बेंच पर आकर बैठ गया है जहाँ यह औरत रोज़ाना आकर बैठती रही है। इस प्रकार एक मौन, बूढ़े और अपने में ही व्यस्त पात्र की उपस्थिति ने इस औरत के अकेलेपन को और भी ज़्यादा रेखांकित किया।

लेकिन एक पार्क से शुरू होकर भी कहानी का दृश्य-जगत् औरत के लम्बे संवाद में उसके अतीत के प्रसंगानुसार बदलता रहता है—लेकिन उन दोनों बेंचों में किसी तरह का चेंज किये बिना ही मात्र प्रकाश द्वारा रेखांकित कुछ विशेष क्षेत्रों अथवा संगीत और अन्ततः स्वयं अभिनेत्री के दिये गए कुछ 'मूव्स' द्वारा ही कहानी की पूरी यात्रा को पकड़ने की कोशिश की गई।

डेढ़ इंच ऊपर

'धूप का एक टुकड़ा' जैसे फ्रेम की कहानी होते हुए भी अपने अन्तिम स्वरूप में यह उससे बिलकुल ही अलग होती गई। इसमें भी दो पात्र हैं—एक बोलनेवाला और दूसरा सुननेवाला। शुरू में पहली कहानी की तरह यहाँ भी सुननेवाले पात्र की परिकल्पना की गई, लेकिन ज्यों-ज्यों कहानी आगे बढ़ती गई, सुननेवाला पात्र बिलकुल ही अनुपस्थित हो गया—केवल शुरू में एक अलग मेज़-कुर्सी पर प्रकाश के एक वृत्त द्वारा ही उसकी उपस्थिति का अहसास करा दिया गया।

कहानी एक छोटे-से पब में शुरू होती है, अतः दृश्य-बंध के नाम पर मंच के ऊपर-नीचे दो विभिन्न कोनों में रखी दो मेज़ें और चार कुर्सियाँ ही थीं—इन्हीं के बीच प्रकाश-सज्जा द्वारा बूढ़े पात्र का घर, जेल की सैल, सड़क और बचपन के खेल बनते-मिटते चलते हैं।

संगीत एवं ध्वनि-प्रभाव को लेकर भी यह 'धूप का एक टुकड़ा' से काफ़ी अलग थी—जहाँ उस कहानी में चर्च की घंटियों, आती-जाती घोड़ा-गाड़ी अथवा ऑर्गन-संगीत यानी अलग-अलग तरह का ध्वनि-प्रभाव था, वहाँ इस कहानी में पब में बजते हुए एक लम्बे रिकॉर्ड द्वारा ही समय-समय पर उभरते संगीत एवं ध्वनियों का वैविध्य उत्पन्न किया गया।

कहानी का बूढ़ा पात्र बियर पीते हुए स्वयं खुलता चलता है। बीच-बीच में उसे बियर 'सर्व' करने के लिए एक बेयरा को रखा गया था जो उसकी आवाज़ पर जब-जब बियर का मग रखने आता तो अनायास ही कहानी के दृश्य को पुनः पब से जोड़ देता।

वीकएंड

शायद इस सम्मिलित प्रस्तुति की यह सबसे मुश्किल कहानी थी। जहाँ पहली दो कहानियाँ किसी दूसरे पात्र से सम्बोधित बातचीत हैं जो स्वकेन्द्रित होती जाती हैं, वहाँ 'वीकएंड' में संवाद या बातचीत तो बिलकुल ही नहीं, पूरी-की-पूरी कहानी नायिका के 'स्वचिन्तन' से सम्बन्धित है। इसीलिए कहानी की शुरुआत सुबह के भूरे आलोक में नायिका की 'टेपरिकॉर्ड' पर आती आवाज़ से की गई : "यह मैं याद रखूँगी, ये चिनार के पेड़, यह सुबह का भूरा आलोक। और क्या याद रहेगा? पेड़ों के बाद बदन में भागता यह हिरन, आइसक्रीम का कोन, घास पर धूप में चमकता हुआ, एक साफ़, धुली पीड़ा की फाँक जैसा, मानो अकेला अपने को टोह रहा हो।"

फिर मुँह-अँधेरे में अलार्म की आवाज़ सुनकर ही उसके मुँह से पहले संवाद निकलते हैं।

केवल इसी स्तर पर नहीं, स्वयं कहानी की यात्रा भी पहली दोनों कहानियों से बिलकुल अलग है—नायिका एक वीकएंड की समाप्ति पर सुबह-सुबह अपने कमरे पर जाने के लिए तैयार हो रही है, उसका प्रेमी अभी तक पलंग पर सोया हुआ है। इसी बीच वह पिछले दिन की घटनाओं पर पुनर्विचार करने लगती है और कहानी कमरे से निकलकर एक पार्क में पहुँच जाती है—जहाँ वह अकेली बैठी है और वह अपनी बच्ची से मिलने गया है। और इस दौरान वह कभी पार्क, कभी कमरे, कभी पुरुष, कभी उसकी बच्ची और कभी स्वयं में बिताए क्षणों के साथ जीती रहती है। अन्त में वह अपने बैग के साथ कमरे की सीढ़ियाँ उतर रही है।

इसलिए मंच पर दृश्य-योजना भी कहानी की इस अनवरत यात्रा के अनुसार ही की गई। मंच के पिछले भाग में एक पलंग और तीन स्टूलों द्वारा ही कमरे को स्थापित किया गया और मंच का पूरा आधा अग्रभाग पार्क के लिए इस्तेमाल किया गया। एक क्षेत्र का प्रकाश मंद और दूसरे का तेज़ करते हुए ही उसके चिन्तन की सहज यात्रा को साकार किया गया। कहानी में किसी तरह का 'मूड' अथवा भाव-संगीत नहीं था, वरन् नायिका के व्यक्तिगत अनुभव से जुड़ी कुछ ध्वनियों को ही रखा गया था, जैसे अलार्म का बजना, रेलगाड़ी का धड़-से गुज़र जाना, मेरी-गो-राउंड पर बच्ची की चीख़ें और दूर कहीं घंटों की टन-टन।

कहानी में तीन पात्र आते हैं—नायिका, पुरुष और उसकी बच्ची। लेकिन कहानी की परिकल्पना केवल एक पात्र के माध्यम से ही की गई—बाक़ी दोनों पात्रों की उपस्थिति या तो गौण हो गई अथवा जहाँ उसकी ज़रूरत भी पड़ी तो स्वयं नायिका के दिये 'मूव्स' या आवाज़ के उतार-चढ़ाव से ही उसका आभास होता गया।

ये तीनों कहानियाँ तो अपने मूल 'फ़ॉर्म' में ही कुछ इस तरह से आ मिलीं जिसे 'नाटकीय स्वगत' के अन्तर्गत भी लिया जा सकता है। पूरी प्रस्तुति के दौरान मेरा यही प्रयास रहा कि स्वयं कहानियों के कथ्य के बीच से उभरते दृश्य-बिम्बों को ही एक निश्चित मंच के फ्रेम की सीमा में कितनी दूर तक पकड़ा जा सकता है—किसी प्रकार के बाह्यारोपण को तनिक भी प्रश्रय दिये बिना। प्रस्तुति को एक सम्पूर्ण अनुभव या प्रयोग के परिप्रेक्ष्य में ही देखा जाना चाहिए जिसमें लेखक, निर्देशक, अभिनेता, अभिनेत्री, प्रकाश एवं संगीत—सभी तत्त्वों का बराबर

सहयोग रहा है। लेकिन इस तरह के प्रयोग एक निर्देशक के साथ ही पूर्ण नहीं हो जाते—बार-बार नये-नये लोगों द्वारा इन्हें अपने-अपने ढंग से उद्घाटित करते रहना स्वयं अपनी यात्रा के लिए निहायत ज़रूरी है। और इससे भी आगे अलग-अलग फ़ॉर्म की कहानियाँ अपनी रंगमंचीय प्रस्तुति के लिए हर बार एक नई चुनौती प्रस्तुत करती रहेंगी।

प्रस्तुति विवरण

इन कहानियों की पहली मंच-प्रस्तुति राष्ट्रीय नाट्य विद्यालय रेपर्टरी कम्पनी द्वारा विद्यालय के स्टूडियो-थियेटर में 1 मई से 6 मई, 1975 को की गई। प्रस्तुति से सम्बन्धित विवरण निम्न प्रकार हैं :

पात्र

धूप का एक टुकड़ा

सबा ज़ैदी
रतन थियम

डेढ़ इंच ऊपर

राजेश विवेक
विजय मोहन्ती

वीकएंड

सुरेखा सीकरी

नेपथ्य

मंच-व्यवस्था	:	विजय मोहन्ती
संगीत-चयन	:	उत्तरा बॉवकर
आलोक-सज्जा	:	दीपक केजरीवाल
		रंजीत कपूर
दृश्य-बंध और परिकल्पना	:	देवेन्द्र राज
फ़ोटोग्राफ़्स	:	पी.एन. आहूजा

धूप का एक टुकड़ा

धूप का एक टुकड़ा में रतन थियम

अँधेरा। मंच के बीचोबीच बाईं ओर रखी बेंच पर प्रकाश। उस पर एक बूढ़ा व्यक्ति अख़बार पढ़ने में व्यस्त। उसके आगे एक पैरेम्बुलेटर खड़ी है। पृष्ठभूमि में चर्च की घंटियाँ। दाईं ओर से नायिका का प्रवेश। घंटियों को सुनते-सुनते बाईं बेंच की ओर लौटती है।

क्या मैं इस बेंच पर बैठ सकती हूँ? *(बूढ़ा उठने लगता है, लेकिन वह तेज़ी से बेंच के ख़ाली कोने पर बैठ जाती है। बीच-बीच में अपना स्कार्फ़, दस्ताने उतार लेती है, थर्मस को नीचे रख देती है और पत्रिका से खेलती रहती है।)* नहीं, आप उठिए नहीं। मेरे लिए यह कोना ही काफ़ी है। आप शायद हैरान होंगे कि मैं दूसरी बेंच पर क्यों नहीं जाती! इतना बड़ा पार्क...चारों तरफ़ ख़ाली बेंचें—मैं आपके पास ही क्यों धँसना चाहती हूँ!

आप बुरा न मानें, तो एक बात कहूँ—जिस बेंच पर आप बैठे हैं, वह मेरी है। जी हाँ, मैं यहाँ रोज़ बैठती हूँ। नहीं, आप ग़लत न समझें। इस बेंच पर कोई मेरा नाम नहीं लिखा है। भला म्युनिसिपैलिटी की बेंचों पर नाम कैसा? लोग आते हैं, घड़ी-दो घड़ी बैठते हैं, और फिर चले जाते हैं। किसी को याद भी नहीं रहता कि फ़लाँ दिन फ़लाँ आदमी यहाँ बैठा था। उसके जाने के बाद बेंच पहले की तरह ही ख़ाली हो जाती है। जब कुछ देर बाद कोई नया आगंतुक आकर उस पर बैठता है तो उसे पता भी नहीं चलता कि उससे पहले वहाँ कोई स्कूल की बच्ची या अकेली बुढ़िया या नशे में धुत्त जिप्सी बैठा होगा। नहीं जी, नाम वहीं लिखे जाते हैं, जहाँ आदमी टिक कर रहे—तभी घरों के नाम होते हैं, या फिर क़ब्रों के—हालाँकि कभी-कभी मैं सोचती हूँ कि क़ब्रों पर नाम भी न रहें, तो भी ख़ास अन्तर नहीं पड़ता। कोई जीता-जागता आदमी जानबूझकर दूसरे की क़ब्र में घुसना पसन्द नहीं करेगा!

[पृष्ठभूमि में एक घोड़ा-गाड़ी के आने और रुकने की आवाज़। बूढ़ा मंच के पिछले हिस्से की ओर चला जाता है।]

आप उधर देख रहे हैं—घोड़ा-गाड़ी की तरफ़? नहीं, इसमें हैरानी की कोई बात नहीं। शादी-ब्याह के मौक़ों पर लोग अब भी घोड़ा-गाड़ी इस्तेमाल करते हैं—मैं तो हर रोज़ देखती हूँ। इसीलिए मैंने यह बेंच अपने लिए चुनी है। यहाँ बैठकर आँखें सीधी गिरजे पर जाती हैं—आपको अपनी गर्दन टेढ़ी नहीं करनी पड़ती। बहुत पुराना गिरजा है। इस गिरजे में शादी करवाना बड़ा

गौरव माना जाता है। लोग आठ-दस महीने पहले से अपना नाम दर्ज करवा लेते हैं। वैसे सगाई और शादी के बीच इतना लम्बा अन्तराल ठीक नहीं। कभी-कभी बीच में मनमुटाव हो जाता है। और ऐन विवाह के मुहूर्त पर वर-वधू में से कोई भी दिखाई नहीं देता। उन दिनों यह जगह सुनसान पड़ी रहती है। न कोई भीड़, न कोई घोड़ा-गाड़ी। भिखारी भी ख़ाली हाथ लौट जाते हैं। ऐसे ही एक दिन मैंने सामनेवाली बेंच पर एक लड़की को देखा था। अकेली बैठी थी और सूनी आँखों से गिरजे को देख रही थी।

[बूढ़ा सामनेवाली बेंच पर आकर बैठ गया है। कोट की जेब से पाइप निकालकर जलाने लगता है।]

पार्क में यही एक मुश्किल है। इतने खुले में सब अपने-अपने में बन्द बैठे रहते हैं। आप किसी के पास जाकर सांत्वना के दो शब्द नहीं कह सकते। आप दूसरों को देखते हैं, दूसरे आपको। शायद इससे भी कोई तसल्ली मिलती होगी। यही कारण है, अकेले कमरे में जब तकलीफ़ दुश्वार हो जाती है, तो अक्सर लोग बाहर चले आते हैं—सड़कों पर। पब्लिक पार्क में। किसी पब में। वहाँ आपको कोई तसल्ली न भी दे तो भी आपका दु:ख एक जगह से मुड़कर दूसरी तरफ़ करवट ले लेता है। उससे तकलीफ़ का बोझ कम नहीं होता। लेकिन आप उसे कुली के सामान की तरह एक कन्धे से उठाकर दूसरे कन्धे पर रख देते हैं। यह क्या कम राहत है? मैं तो ऐसा ही करती हूँ—सुबह से ही अपने कमरे से बाहर निकल आती हूँ। *(बूढ़ा खाँसता-सा पुन: उसके साथ आकर बैठ जाता है।)*

नहीं-नहीं—आप ग़लत न समझें—मुझे कोई तकलीफ़ नहीं। मैं धूप की ख़ातिर यहाँ आती हूँ—आपने देखा होगा, सारे पार्क में सिर्फ़ यह एक बेंच है, जो पेड़ के नीचे नहीं है। इस बेंच पर एक पत्ता भी नहीं झरता—फिर उसका एक बड़ा फ़ायदा यह भी है कि यहाँ से मैं सीधे गिरजे की तरफ़ देख सकती हूँ—लेकिन यह शायद मैं आपसे पहले ही कह चुकी हूँ...।

आप सचमुच सौभाग्यशाली हैं। पहले दिन यहाँ आए—और सामने घोड़ा-गाड़ी। आप देखते रहिए—कुछ ही देर में गिरजे के सामने छोटी-सी भीड़ जमा हो जाएगी। उनमें से ज़्यादातर लोग ऐसे होते हैं, जो न वर को जानते हैं, न वधू को। लेकिन एक झलक पाने के लिए घंटों बाहर खड़े रहते हैं। आपके बारे में मुझे मालूम नहीं, लेकिन कुछ चीज़ों को देखने की उत्सुकता जीवन-भर ख़त्म नहीं होती। *(उठकर पैरेम्बुलेटर के भीतर झाँकने लगती है।)* अब देखिए, आप इस पैरेम्बुलेटर के आगे बैठे थे। पहली इच्छा यह हुई, झाँककर भीतर देखूँ, जैसे आपका बच्चा औरों से अलग होगा। अलग होता नहीं। इस उम्र में सारे बच्चे एक जैसे ही होते हैं—मुँह में चुसनी दबाए लेटे रहते हैं। फिर भी जब मैं किसी पैरेम्बुलेटर के सामने से गुज़रती हूँ तो एक बार भीतर झाँकने की ज़बरदस्त इच्छा होती है क्योंकि जो चीज़ें हमेशा एक जैसी रहती हैं, उनसे ऊबने की बजाय आदमी सबसे ज़्यादा उन्हीं को देखना चाहता है, जैसे प्रैम में लेटे बच्चे या नव-विवाहित जोड़े की घोड़ा-गाड़ी या मुर्दों की अरथी। आपने देखा होगा, ऐसी चीज़ों के इर्द-गिर्द हमेशा भीड़ जमा हो जाती है। अपना बस हो या न हो, ख़ुद-ब-ख़ुद उनके पास खिंचे चले आते हैं। मुझे कभी-कभी यह सोचकर

धूप का एक टुकड़ा में सबा ज़ैदी

सबा ज़ैदी

एक दृश्य में रतन थियम और सबा ज़ैदी

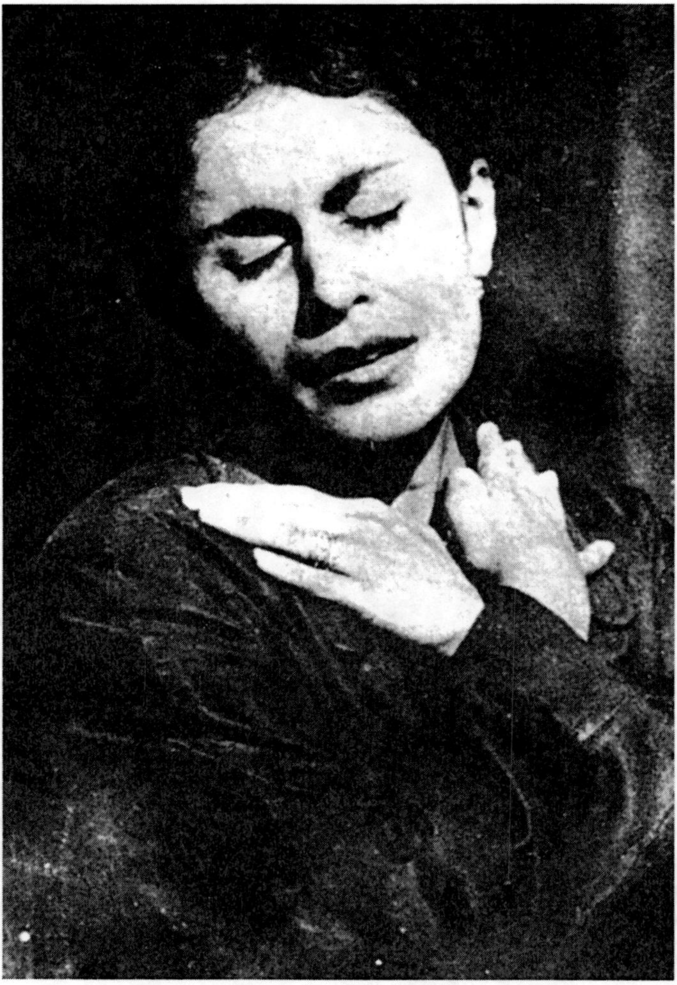

सबा ज़ैदी की एक मुद्रा

बड़ा अचरज होता है कि जो चीज़ें हमें अपनी ज़िन्दगी को पकड़ने में मदद देती हैं, वे चीज़ें हमारी पकड़ के बाहर हैं। हम न उनके बारे में कुछ सोच सकते हैं, न किसी दूसरे को बता सकते हैं। मैं आपसे पूछती हूँ—क्या आप अपनी जन्म की घड़ी के बारे में कुछ याद कर सकते हैं, या अपनी मौत के बारे में किसी को कुछ बता सकते हैं या अपने विवाह के अनुभव को हू-ब-हू अपने भीतर दुहरा सकते हैं? आप हँस रहे हैं—नहीं, मेरा मतलब कुछ और था। कौन ऐसा आदमी है, जो अपने विवाह के अनुभव को याद नहीं कर सकता? मैंने सुना है, कुछ देश ऐसे हैं, जहाँ जब तक लोग नशे में धुत्त नहीं हो जाते, तब तक विवाह करने का फ़ैसला नहीं लेते—और बाद में उन्हें उसके बारे में कुछ याद नहीं रहता। नहीं जी, मेरा मतलब ऐसे अनुभव से नहीं था। मेरा मतलब था, क्या आप उस क्षण को याद कर सकते हैं, जब आप एकाएक यह फ़ैसला कर लेते हैं कि आप अलग न रहकर किसी दूसरे के साथ रहेंगे—ज़िन्दगी-भर? मेरा मतलब है, क्या सही-सही उस बिन्दु पर अँगुली रख सकते हैं, जब आप अपने भीतर के अकेलेपन को थोड़ा-सा सरकाकर किसी दूसरे को वहाँ आने देते हैं—जी हाँ, उसी तरह, जैसे कुछ देर पहले आपने थोड़ा-सा सरककर मुझे बेंच पर आने दिया था और अब मैं आपसे बातें कर रही हूँ, मानो आपको बरसों से जानती हूँ?

[चर्च की घंटियाँ। नायिका मंच के पिछले हिस्से में घूमती हुई, जैसे कि चर्च के सामने पुनः उसी अनुभव से गुज़र रही हो!]

लीजिए, अब दो-चार सिपाही भी गिरजे के सामने खड़े हो गए। अगर इसी तरह भीड़ जमा होती गई तो आने-जाने का रास्ता भी रुक जाएगा। आज तो ख़ैर, धूप निकली है, लेकिन सर्दी के दिनों में भी लोग ठिठुरते हुए खड़े रहते हैं। मैं तो बरसों से यह देखती आ रही हूँ—कभी-कभी तो यह भ्रम होता है कि पन्द्रह साल पहले मेरे विवाह के मौक़े पर जो लोग जमा हुए थे, वही लोग आज भी हैं—वही घोड़ा-गाड़ी, वही इधर-उधर घूमते हुए सिपाही, जैसे इस दौरान कुछ भी नहीं बदला है। जी हाँ, मेरा विवाह भी इसी गिरजे में हुआ था। लेकिन यह मुद्दत पहले की बात है। तब सड़क इतनी चौड़ी नहीं थी कि घोड़ा-गाड़ी सीधे गिरजे के दरवाज़े पर आकर ठहर सके। हमें उसे गली के पिछवाड़े रोक देना पड़ा था—और मैं अपने पिता के साथ पैदल चलकर यहाँ तक आई थी। सड़क के दोनों तरफ़ लोग खड़े थे और मेरा दिल धुक-धुक कर रहा था कि कहीं सबके सामने मेरा पाँव न फिसल पड़े। पता नहीं, वे लोग अब कहाँ होंगे, जो उस रोज़ भीड़ में खड़े मुझे देख रहे थे! आप क्या सोचते हैं—अगर उनमें से कोई आज मुझे देखे, तो क्या पहचान सकेगा कि बेंच पर बैठी यह अकेली औरत वही लड़की है, जो सफ़ेद पोशाक में पन्द्रह साल पहले गिरजे की तरफ़ जा रही थी? सच बताइए, क्या पहचान सकेगा? *(दूसरी बेंच पर जाकर बैठ जाती है।)* आदमियों की तो बात मैं नहीं जानती, लेकिन मुझे लगता है कि घोड़ा मुझे ज़रूर पहचान लेगा, जो उस दिन हमें खींचकर लाया था। जी हाँ, घोड़ों को देखकर मैं हमेशा हैरान रह जाती हूँ। कभी आपने उनकी आँखों में झाँककर देखा है? लगता है, जैसे कि वे किसी बहुत ही आत्मीय चीज़ से अलग हो गए हैं, लेकिन अभी तक अपने

अलगाव के आदी नहीं हो सके हैं। इसीलिए वे आदमियों की दुनिया में सबसे अधिक उदास रहते हैं। किसी चीज़ का आदी न हो पाना, इससे बड़ा और कोई दुर्भाग्य नहीं। वे लोग, जो आख़िर तक आदी नहीं हो पाते या तो घोड़ों की तरह उदासीन हो जाते हैं या मेरी तरह धूप के एक टुकड़े की खोज में एक बेंच से दूसरी बेंच का चक्कर लगाते रहते हैं।

[वापस अपनी बेंच की तरफ़ आते हुए पैरेम्बुलेटर में झाँकने लगती है।]

क्या कहा आपने? नहीं, आपने शायद मुझे ग़लत समझ लिया। मेरे कोई बच्चा नहीं—यह मेरा सौभाग्य है। बच्चा होता, तो शायद मैं कभी अलग नहीं हो पाती।

[थर्मस में से चाय लेती है।]

आपने देखा होगा, आदमी और औरत में प्यार न भी रहे, तो भी बच्चे की ख़ातिर एक-दूसरे के साथ जुड़े रहते हैं। मेरे साथ कभी ऐसी रुकावट नहीं रही। इस लिहाज़ से मैं बहुत सुखी हूँ—अगर सुख का मतलब है कि हम अकेलेपन को ख़ुद चुन सकें, लेकिन चुनना एक बात है, आदी हो सकना बिलकुल दूसरी बात। जब शाम को धूप मिटने लगती है तो मैं अपने कमरे में चली जाती हूँ। लेकिन जाने से पहले मैं कुछ देर उस पब में ज़रूर बैठती हूँ, जहाँ वह मेरी प्रतीक्षा करता था। जानते हैं, उस पब का नाम? बोनापार्ट—जी हाँ, कहते हैं, जब नेपोलियन पहली बार इस शहर में आया तो उस पब

में बैठा था—लेकिन उन दिनों मुझे इसका कुछ पता नहीं था। *(भागती हुई मंच के दाएँ कोने की ओर जाती है।)* जब पहली बार उसने मुझसे कहा कि हम बोनापार्ट के सामने मिलेंगे तो मैं सारी शाम शहर के दूसरे सिरे पर खड़ी रही, जहाँ नेपोलियन घोड़े पर बैठा है। आपने कभी अपनी पहली डेट इस तरह गुज़ारी है कि आप सारी शाम पब के सामने खड़े रहें और आपकी मंगेतर पब्लिक स्टेचू के नीचे? बाद में जो उसका शौक़ था, वह मेरी आदत बन गई। हम दोनों हर शाम कभी उस जगह जाते, जहाँ मुझे मिलने से पहले वह बैठता था, या उस शहर के उन इलाक़ों में घूमने निकल जाते, जहाँ मैंने बचपन गुज़ारा था। यह आपको कुछ अजीब नहीं लगता कि जब हम किसी व्यक्ति को बहुत चाहने लगते हैं तो न केवल वर्तमान में उसके साथ रहना चाहते हैं, बल्कि उसके अतीत को भी निगलना चाहते हैं, जब वह हमारे साथ नहीं था? हम इतने लालची और ईर्ष्यालु हो जाते हैं कि हमें यह सोचना भी असहनीय लगता है कि कभी ऐसा समय रहा होगा, जब वह हमारे बग़ैर जीता था, प्यार करता था, सोता-जागता था। फिर अगर कुछ साल उसी एक आदमी के साथ गुज़ार दें तो यह कहना भी असम्भव हो जाता है कि कौन-सी आदत। पत्तों की तरह वे इस तरह आपस में घुल-मिल जाती हैं कि आप किसी एक पत्ते को उठाकर नहीं कह सकते कि यह पत्ता आपका है और दूसरा किसी दूसरे का...।

[बूढ़े के सामनेवाली बेंच पर बैठ जाती है और चाय पीती रहती है।]

देखिए, कभी-कभी मैं सोचती हूँ कि मरने से पहले हममें से हर एक को यह छूट मिलनी चाहिए कि हम अपनी चीर-फाड़ ख़ुद कर सकें। अपने अतीत की तहों को प्याज़ के छिलकों की तरह एक-एक करके उतारते जाएँ—आपको हैरानी होगी कि सब लोग अपना-अपना हिस्सा लेने आ पहुँचेंगे। माँ-बाप, दोस्त, पति—सारे छिलके दूसरों के, आख़ीर की सूखी डंठल आपके हाथ में रह जाएगी, जो किसी काम की नहीं, जिसे मृत्यु के बाद जला दिया जाता है या मिट्टी के नीचे दबा दिया जाता है। देखिए, अक्सर कहा जाता है कि हर आदमी अकेला मरता है। मैं यह नहीं मानती। वह उन सब लोगों के साथ मरता है, जो उसके भीतर थे, जिनसे वह लड़ता था या प्रेम करता था। वह अपने भीतर पूरी एक दुनिया लेकर जाता है। इसीलिए हमें दूसरों के मरने पर जो दुःख होता है, वह थोड़ा-बहुत स्वार्थी क़िस्म का दुःख है, क्योंकि हमें लगता है कि उसके साथ हमारा एक हिस्सा भी हमेशा के लिए ख़त्म हो गया है।

[अपनी बेंच की ओर लौटती है, कप नीचे रखती है और पैरेम्बुलेटर के पास आ जाती है।]

अरे देखिए—वह जाग गया। ज़रा पैरेम्बुलेटर हिलाइए, धीरे-धीरे हिलाते जाइए। अपने-आप चुप हो जाएगा—मुँह में चुसनी दबाकर इस तरह लेटा है, जैसे छोटा-मोटा सिगार हो! देखिए—कैसे ऊपर बादलों की तरफ़ टुकुर-टुकुर ताक रहा है। मैं जब छोटी थी, तब लकड़ी लेकर बादलों की तरफ़ इस तरह घुमाती थी, जैसे वे मेरे इशारों पर ही आकाश में चल

रहे हों—आप क्या सोचते हैं? बच्चे इस उम्र में जो कुछ देखते हैं या सुनते हैं, वह क्या बाद में उन्हें याद रहता है? *(बूढ़े से अलग हट आती है और धीरे-धीरे दूसरी बेंच पर जाकर बैठ जाती है।)* रहता ज़रूर होगा...कोई आवाज़, कोई झलक, या कोई आहट, जिसे बड़े होकर हम उम्र के जाले में खो देते हैं। लेकिन किसी अनजाने मौक़े पर, ज़रा-सा इशारा पाते ही हमें लगता है कि इस आवाज़ को कहीं हमने सुना है, यह घटना या ऐसी ही कोई घटना पहले कभी हुई है—और फिर उसके साथ-साथ बहुत-सी चीज़ें अपने-आप खुलने लगती हैं, जो हमारे भीतर अरसे से जमा थीं, लेकिन रोज़मर्रा की दौड़-धूप में जिनकी तरफ़ हमारा ध्यान जाता नहीं। लेकिन वे वहाँ हैं, घात लगाए कोने में खड़ी रहती हैं—मौक़े की तलाश में—और फिर किसी बड़ी सड़क पर चलते हुए या ट्राम की प्रतीक्षा करते हुए या रात को सोने और जागने के बीच में वे अचानक आपको पकड़ लेती हैं और तब आप कितना ही हाथ-पाँव क्यों न मारें, कितना ही क्यों न छटपटाएँ, वे आपको छोड़तीं नहीं। मेरे साथ एक रात ऐसा ही हुआ था :

हम दोनों सो रहे थे और तब मुझे एक अजीब-सा खटका सुनाई दिया—बिलकुल वैसे ही, जैसे बचपन में मैं अपने अकेले कमरे में हड़बड़ाकर जाग उठती थी और सहसा यह भ्रम होता था कि दूसरे कमरे में माँ और बाबू नहीं हैं—और मुझे लगता था कि अब मैं उन्हें कभी नहीं देख सकूँगी और तब मैं चीख़ने लगती थी। *(बेंच से उठकर मंच के दाएँ कोने में आ जाती है।)* लेकिन उस रात मैं चीख़ी-चिल्लाई नहीं, मैं बिस्तर से उठकर देहरी तक आई, दरवाज़ा खोलकर बाहर झाँका, बाहर कोई न था। वापस लौटकर उसकी तरफ़ देखा।

वह दीवार की तरफ़ मुँह मोड़कर सो रहा था, जैसे वह हर रात सोता था। तब मुझे पता चला कि वह खटका कहीं बाहर नहीं, मेरे भीतर हुआ था। नहीं, मेरे भीतर भी नहीं, अँधेरे में एक चिमगादड़ की तरह वह मुझे छूता हुआ निकल गया था—न बाहर, न भीतर, फिर भी चारों तरफ़ फड़फड़ाता हुआ। *(पुनः बेंच की ओर लौट आती है।)* मैं पलंग पर आकर बैठ गई, जहाँ वह लेटा था और धीरे-धीरे उसकी देह को छूने लगी। उसकी देह के उन सब कोनों को छूने लगी, जो एक ज़माने में मुझे तसल्ली देते थे। मुझे यह अजीब-सा लगा कि मैं उसे छू रही हूँ और मेरे हाथ ख़ाली-के-ख़ाली वापस लौट आते हैं। बरसों पहले की गूँज, जो उसके अंगों से निकलकर मेरी आत्मा में बस जाती थी, अब कहीं न थी। मैं उसी तरह उसकी देह को टोह रही थी, जैसे कुछ लोग पुराने खँडहरों पर अपने नाम खोजते हैं, जो मुद्दत पहले उन्होंने दीवारों पर लिखे थे। लेकिन मेरा नाम वहाँ कहीं न था। मैं रात-भर उसके सिरहाने बैठी रही और मेरे हाथ मुर्दा होकर उसकी देह पर पड़े रहे। मुझे यह भयानक-सा लगा कि हम दोनों के बीच जो ख़ालीपन आ गया था, वह मैं किसी से नहीं कह सकती। जी हाँ—अपने वकील से भी नहीं, जिन्हें मैं एक अरसे से जानती थी।

[मंच के बीच में आकर खड़ी हो जाती है।]

वे समझे, मैं सठिया गई हूँ। कैसा खटका! क्या मेरा पति किसी दूसरी औरत के पास जाता था? क्या वह मेरे प्रति क्रूर था? जी हाँ—उसने प्रश्नों की झड़ी लगा दी और मैं थी कि एक

इडियट की तरह उनका मुँह ताकती रही। और तब मुझे पहली बार पता चला कि अलग होने के लिए कोई कोर्ट-कचहरी ज़रूरी नहीं है। *(एक सिगरेट सुलगा लेती है और मंच के बाएँ कोने की ओर आती हुई।)* अक्सर लोग कहते हैं कि अपना दु:ख दूसरे के साथ बाँटकर हम हल्के हो जाते हैं। मैं कभी हल्की नहीं होती। नहीं जी, लोग दु:ख नहीं बाँटते, सिर्फ़ फ़ैसला करते हैं—कौन दोषी है और कौन निर्दोष...मुश्किल यह है, जो एक व्यक्ति आपकी दुखती रग को सही-सही पहचान सकता है, उसी से हम अलग हो जाते हैं—इसीलिए मैं अपने मुहल्ले को छोड़कर शहर के इस इलाक़े में आ गई, जहाँ मुझे कोई नहीं जानता। यहाँ मुझे देखकर कोई यह नहीं कहता कि देखो, यह औरत अपने पति के साथ आठ वर्ष रही और फिर अलग हो गई। पहले जब कोई इस तरह की बात कहता था तो मैं बीच सड़क पर खड़ी हो जाती थी। इच्छा होती थी, उस आदमी को पकड़कर शुरू से आख़िर तक सब कुछ बताऊँ—कैसे हम पहली शाम अलग-अलग एक-दूसरे की प्रतीक्षा करते रहे थे, वह पब के सामने, मैं मूर्ति के नीचे। कैसे उसने पहली बार मुझे पेड़ के तने से सटाकर चूमा था, कैसे मैंने पहली बार डरते-डरते उसके बालों को छुआ था। जी हाँ, मुझे यह लगता था कि जब तक मैं उन्हें यह सब नहीं बता दूँगी, तब तक उस रात के बारे में कुछ नहीं बता सकूँगी, जब पहली बार मेरे भीतर खटका हुआ था और बरसों बाद यह इच्छा हुई थी कि मैं दूसरे कमरे में भाग जाऊँ, जहाँ मेरे माँ-बाप सोते थे—लेकिन वह कमरा ख़ाली था। जी, मैंने कहीं पढ़ा था कि बड़े होने का मतलब है कि अगर आप आधी रात को जाग जाएँ और कितना ही क्यों न चीख़ें-चिल्लाएँ,

दूसरे कमरे से कोई नहीं आएगा। वह हमेशा ख़ाली रहेगा। देखिए, उस रात के बाद मैं कितनी बड़ी हो गई हूँ...!

[मंच के दाएँ बढ़ने लगती है।]

लेकिन एक बात मुझे अभी तक समझ में नहीं आती। भूचाल या बमबारी की ख़बरें अख़बारों में छपती हैं। दूसरे दिन सबको पता चल जाता है कि जहाँ बच्चों का स्कूल था, वहाँ खँडहर हैं। जहाँ खँडहर थे, वहाँ उड़ती धूल। लेकिन जब लोगों के साथ ऐसा होता है तो किसी को कोई ख़बर नहीं होती। उस रात के बाद दूसरे दिन मैं सारे शहर में अकेली घूमती रही और किसी ने मेरी तरफ़ देखा भी नहीं—तब मैं पहली बार इस पार्क में आई थी, इसी बेंच पर बैठी थी, जिस पर आप बैठे हैं। और जी हाँ, उस दिन मुझे बहुत आश्चर्य हुआ कि मैं उसी गिरजे के सामने बैठी हूँ, जहाँ पर मेरा विवाह हुआ था...*(पृष्ठभूमि में चर्च में ऑर्गन-संगीत)* तब सड़क इतनी चौड़ी नहीं थी कि हमारी घोड़ा-गाड़ी सीधे गिरजे के सामने आ सके। हम दोनों पैदल चलकर यहाँ आए थे...।

[वह मंच के पिछले हिस्से में पहुँच जाती है।]

आप सुन रहे हैं, ऑर्गन पर संगीत? देखिए, उन्होंने दरवाज़े खोल दिये हैं। संगीत की आवाज़ यहाँ तक आती है। इसे सुनते ही मुझे पता चल जाता है कि उन्होंने एक-दूसरे को चूमा है, अँगूठियों की अदला-बदली की है। बस, अब थोड़ी-सी देर और है, वे अब बाहर आनेवाले हैं। लोगों में अब इतना चैन

कहाँ कि शान्ति से खड़े रहें! *(वह बूढ़े की ओर लौटती है।)* अगर आप जाकर देखना चाहें तो निश्चिन्त होकर चले जाएँ। मैं तो यहाँ बैठी ही हूँ। आपके बच्चे को देखती रहूँगी। क्या कहा आपने?...जी हाँ, शाम होने तक यहीं रहती हूँ, फिर यहाँ सर्दी हो जाती है। दिन-भर मैं यह देखती रहती हूँ कि धूप का टुकड़ा किस बेंच पर है—उसी बेंच पर जाकर बैठ जाती हूँ। *(बूढ़ा पैरेम्बुलेटर लेकर चलने लगता है।)* पार्क का कोई ऐसा कोना नहीं, जहाँ मैं घड़ी, आधा घड़ी नहीं बैठती। लेकिन यह बेंच मुझे सबसे अच्छी लगती है। एक तो इस पर पत्ते नहीं झरते और दूसरे...अरे, आप जा रहे हैं?

[बूढ़ा दाईं ओर से बाहर निकल जाता है। वह बेंच पर आकर बैठ जाती है। आलोक केवल उसी बेंच पर। पृष्ठभूमि में ऑर्गन-संगीत। धीरे-धीरे अँधेरा।]

डेढ़ इंच ऊपर

डेढ़ इंच ऊपर में राजेश विवेक

अँधेरा। संगीत। मंच के पिछले हिस्से में दाएँ कोने में रखी मेज़-कुर्सी पर प्रकाश। मंच के अगले हिस्से में बाएँ कोने में रखी मेज़-कुर्सी पर प्रकाश—कहानी का नायक हाथों में सिर दिये बैठा है। उसके आगे एक बियर का मग और ऐश-ट्रे। दो-तीन घूँट बियर पीता है, सिगार जलाता है और इधर-उधर देखकर ख़ाली मेज़ की तरफ़ देखते हुए।

...अगर आप चाहें तो इस मेज़ पर आ सकते हैं। जगह काफ़ी है। आख़िर एक आदमी को कितनी जगह चाहिए? नहीं...नहीं... मुझे कोई तकलीफ़ नहीं होगी *(अनुपस्थित श्रोता मानो उसके साथवाली कुर्सी पर आकर बैठ गया है।)* बेशक, अगर आप चाहें तो चुप रह सकते हैं। मैं ख़ुद चुप रहना पसन्द करता हूँ...।

आदमी बात कर सकता है और चुप रह सकता है, एक ही वक़्त में। इसे बहुत कम लोग समझते हैं। मैं बरसों से यह करता आ रहा हूँ। बेशक आप नहीं, आप अभी जवान हैं। आपकी उम्र में चुप रहने का मतलब है—चुप रहना और बात करने का मतलब है—बात करना। दोनों बातें एक साथ नहीं हो सकतीं। आप छोटे मग से पी रहे हैं? आपको शायद अभी लत नहीं पड़ी। मैं आपको देखते ही पहचान गया था कि आप इस जगह के नहीं हैं। इस घड़ी यहाँ जो लोग आते हैं, उन सबको मैं पहचानता हूँ। उनसे आप कोई बात नहीं कर सकते। उन्होंने पहले से ही बहुत पी रखी होती है। वे यहाँ आते हैं, अपनी आख़िरी बियर के लिए—दूसरे पब बन्द हो जाते हैं। और वे कहीं और नहीं जा सकते। वे बहुत जल्दी ख़त्म हो जाते हैं—मेज़ पर, बाहर सड़क पर, ट्राम में। कई बार मुझे उन्हें उठाकर उनके घर पहुँचाना पड़ता है। बेशक, अगले दिन वे मुझे पहचानते भी नहीं। आप ग़लत न समझें, मेरा इशारा आपकी तरफ़ नहीं था। आपको मैंने यहाँ पहली बार देखा है। आप आकर चुपचाप अलग मेज़ पर बैठ गए। मुझे यह बुरा-सा लगा। नहीं, आप घबराइए नहीं, मैं अपने को आप पर थोपूँगा नहीं। हम एक-दूसरे के साथ बैठकर भी अपनी-अपनी बियर पर अकेले रह सकते हैं। *(बियर पीने लगता है।)* मेरी उम्र में यह ज़रा मुश्किल है, क्योंकि हर बूढ़ा आदमी थोड़ा-बहुत डरा हुआ होता है।...धीरे-धीरे गरिमा के साथ बूढ़ा होना बहुत बड़ा 'ग्रेस' है, हर आदमी के बस का नहीं। वह अपने-आप नहीं आता। बूढ़ा होना एक कला है, जिसे काफ़ी मेहनत से सीखना पड़ता है।...क्या कहा आपने? मेरी उम्र? ज़रा अन्दाज़ा तो लगाइए? अरे, नहीं साहब—

डेढ़ इंच ऊपर में राजेश विवेक

राजेश विवेक की दो और मुद्राएँ

आप मुझे नाहक ख़ुश करने की कोशिश कर रहे हैं। यों आपने मुझे ख़ुश ज़रूर कर दिया है और अगर अपनी इस ख़ुशी को मनाने के लिए मैं एक बियर और लूँ तो आपको कोई एतराज़ तो नहीं होगा...*(बेयरा भरा मग रख जाता है)* और आप? आप नहीं लेंगे? नहीं,...मैं ज़िद नहीं करूँगा। हर आदमी को अपनी ज़िन्दगी और अपनी शराब चुनने की आज़ादी होनी चाहिए... दोनों को सिर्फ़ एक बार चुना जा सकता है। बाद में हम सिर्फ़ उसे दुहराते रहते हैं, जो एक बार पी चुके हैं, या एक बार जी चुके हैं। आप दूसरी ज़िन्दगी को मानते हैं? मेरा मतलब है, मौत के बाद भी? उम्मीद है, आप मुझे यह घिसा-पिटा जवाब नहीं देंगे कि आप किसी धर्म में विश्वास नहीं करते। मैं ख़ुद कैथोलिक हूँ, लेकिन मुझे आप लोगों का यह विश्वास बेहद दिलचस्प लगता है कि मौत के बाद भी आदमी पूरी तरह से मर नहीं जाता। हम पहले एक ज़िन्दगी पूरी करते हैं, फिर दूसरी, फिर तीसरी। अक्सर रात के समय मैं इस समस्या के बारे में सोचता हूँ...आप जानते हैं, मेरी उम्र में नींद आसानी से नहीं आती। नींद के लिए छटाँक-भर लापरवाही चाहिए, आधी छटाँक थकान। अगर आपके पास दोनों चीज़ें नहीं हैं, तो आप उसका मुआवजा डेढ़ छटाँक बियर पीकर भर सकते हैं...।

[संगीत। अपना ओवरकोट उतारकर कुर्सी की पीठ पर टाँगते हुए।]

इसीलिए मैं हर रोज़ आधी रात के वक़्त यहाँ चला आता हूँ, पिछले पन्द्रह वर्षों से लगातार। मैं थोड़ा-बहुत सोता ज़रूर हूँ,

लेकिन तीन बजे के आसपास मेरी नींद टूट जाती है...उसके बाद मैं घर में अकेला नहीं रह सकता। रात के तीन बजे...यह भयानक घड़ी है। दो बजे, लगता है, अभी रात है और चार बजे सुबह होने लगती है, लेकिन तीन बजे आपको लगता है कि आप न इधर हैं, न उधर। मुझे हमेशा लगता है कि मृत्यु आने की कोई घड़ी है तो यही घड़ी है। क्या कहा आपने? नहीं जनाब, मैं बिलकुल अकेला नहीं रहता। *(मेज़ से बियर का मग उठा लेता है और बीच-बीच में घूँट लेते हुए)* आप जानते हैं, पेंशनयाफ़्ता लोगों के अपने शौक़ होते हैं। मेरे पास एक बिल्ली है—बरसों से मेरे पास रहती है, अब ज़रा देखिए, मैं यहाँ बियर पीते हुए आपसे लम्बी-चौड़ी बातें कर रहा हूँ, उधर वह मेरे इन्तज़ार में दरवाज़े पर बैठी होगी। आपके बारे में मुझे मालूम नहीं, लेकिन मुझे यह ख़याल काफ़ी तसल्ली देता है कि कोई मेरे इन्तज़ार में बाहर सड़क पर आँखें लगाए बैठा है। मैं ऐसे लोगों की कल्पना नहीं कर सकता जिनका इन्तज़ार कोई नहीं कर रहा हो या जो ख़ुद किसी का इन्तज़ार नहीं कर रहे हों। जिस क्षण आप इन्तज़ार करना छोड़ देते हैं, उस क्षण आप जीना भी छोड़ देते हैं। बिल्लियाँ काफ़ी देर तक और सब्र के साथ इन्तज़ार कर सकती हैं, इस लिहाज़ से वे औरतों की तरह हैं। लेकिन सिर्फ़ इस लिहाज़ से नहीं—औरतों की ही तरह उनमें अपनी तरफ़ खींचने और आकर्षित करने की असाधारण ताक़त रहती है। यों डर आपको कुत्तों या दूसरे जानवरों से भी लगता होगा। लेकिन वह निचले दर्जे का डर है। *(किनारे की ओर जाकर)* आप एक ओर किनारा करके चले जाते हैं, कुत्ता दूसरी ओर किनारा करके चला जाता है। उसे डर लगा रहता है कि कहीं आप उस पर बेईमानी न कर

बैठें और आप इसलिए सहमे-से रहते हैं कि कहीं वह आँख बचाकर आप पर न झपट पड़े। लेकिन उस डर में कोई रहस्य, कोई रोमांच, कोई सम्भावना नहीं है,...जैसी अक्सर बिल्ली या साँप को देखने से उत्पन्न होती है। *(पुनः अपनी कुर्सी पर आकर बैठ जाता है।)* सच बात यह है...और यह मैं अनुभव से कह रहा हूँ कि बिल्ली को औरतों की तरह आप आख़िर तक सही-सही नहीं पहचान सकते—चाहे आप उसके साथ वर्षों से ही क्यों न रहे हों! इसलिए नहीं कि वे ख़ुद जानबूझकर कोई चीज़ छिपाए रहती हैं, बल्कि ख़ुद आपमें ही इतना हौसला नहीं रहता कि आप आख़िर तक उनके भीतर लगे दरवाज़े को खोल सकें। आपको यह बात ज़रा अजीब नहीं लगती कि ज़्यादातर हमें वही चीज़ें अपनी तरफ़ खींचती हैं, जिनमें थोड़ा-सा आतंक छिपा रहता है...?

[उठकर दाईं ओर जाता है, बेयरा से एक भरा मग लेकर मेज़ की ओर लौटता है।]

अगर आप बुरा न मानें तो मैं एक बियर और लूँगा। कुछ देर में यह पब बन्द हो जाएगा और फिर सारे शहर में सुबह तक एक बूँद भी दिखाई नहीं देगी। आप डरिए नहीं, मैं पीने की अपनी सीमा जानता हूँ। आदमी को ज़मीन से करीब डेढ़ इंच ऊपर उठ जाना चाहिए। इससे ज़्यादा नहीं, वरना वह ऊपर उठता जाएगा और फिर इस उड़ान का अन्त होगा पुलिस-स्टेशन में या किसी नाली में—जो ज़्यादा दिलचस्प चीज़ नहीं। लेकिन कुछ लोग डर के मारे ज़मीन पर ही पाँव जमाए रहते हैं। ऐसे लोगों के लिए पीना-न-पीना बराबर है। जी हाँ—सही फ़ासला है डेढ़ इंच।

[सिगार जलाता है और बैठ जाता है।]

इतनी चेतना अवश्य रहनी चाहिए कि आप अपनी चेतना को माचिस की तीली की तरह बुझते हुए देख सकें। जब लौ अँगुलियों के पास सरक आए, तो उसे छोड़ देना चाहिए—उससे पहले नहीं, न बाद में ही। कब तक पकड़े रहना और कब छोड़ना चाहिए, पीने का रहस्य इस पहचान में छिपा है। मुश्किल यह है, हम उस समय तक नहीं पहचान पाते, जब तक डेढ़ इंच से ऊपर नहीं उठ जाते...और फिर वह किसी काम का नहीं। शायद यह बात सुनकर आप हँसेंगे कि पहचान तभी आती है, जब हम पहचान के परे चले जाते हैं। मुझे बुरा नहीं लगेगा, अगर आप हँसकर मेरी बात को टाल दें...। मैं ख़ुद कभी-कभी कोशिश करता हूँ कि इस आशा के साथ रहना सीख लूँ कि कई चीज़ों को न जानना ही अपने को सुरक्षित रखने का रास्ता है।

आप रफ़्ता-रफ़्ता इस आशा के साथ रहना सीख लेते हैं, जैसे आप अपनी पत्नी के साथ रहना सीख लेते हैं—एक ही घर में बरसों तक। हालाँकि एक संशय बना रहता है कि वह भी आपका खेल खेल रही है। कभी-कभी आप इस संशय से छुटकारा पाने के लिए दूसरी या तीसरी स्त्री से प्रेम करने लगते हैं। यह निराश होने की शुरुआत है, क्योंकि दूसरी स्त्री का अपना रहस्य है और तीसरी स्त्री का अपना। यह शतरंज के खेल की तरह है...आप एक चाल चलते हैं जिससे आपके विरोधी के सामने अन्तहीन सम्भावनाएँ खुल जाती हैं। एक खेल हारने के बाद आप दूसरे खेल में जीतने की आशा करने लगते हैं। आप यह भूल जाते हैं कि दूसरी

बाज़ी की अपनी सम्भावनाएँ हैं—पहली बाज़ी की तरह अन्तहीन और रहस्यपूर्ण।

देखिए, इसीलिए मैं कहता हूँ कि आप ज़िन्दगी में चाहे कितनी औरतों के सम्पर्क में आएँ, असल में आपका सम्पर्क सिर्फ़ एक औरत से ही होता है।...क्या कहा आपने? जी नहीं, मैं आपको पहले ही कह चुका हूँ कि घर में मैं अकेला रहता हूँ, अगर आप मेरी बिल्ली को छोड़ दें।...जी हाँ, मैं विवाहित हूँ...मेरी पत्नी अब जीवित नहीं है...यह मेरा अनुमान है। आप कुछ हैरान-से हो रहे हैं। *(उठकर मंच के बीच में आते हुए)* अनुमान मैं इसीलिए कह रहा हूँ, क्योंकि मैंने उसे मरते हुए नहीं देखा। जब आपने किसी को आँखों से मरते नहीं देखा, अपने हाथों से दफ़नाया नहीं, तो आप सिर्फ़ अनुमान लगा सकते हैं कि वह जीवित नहीं। आपको शायद हँसी आएगी, लेकिन मुझे लगता है, जब तक आप ख़ुद अपने परिचित को मरते न देख लें, एक धुँधली-सी आशा बनी रहती है कि वह अभी जीवित है...आप दरवाज़ा खोलेंगे और वह रसोई से भागकर तौलिए से हाथ पोंछती हुई आपके सामने आ खड़ी होगी। बेशक, यह भ्रम है। ऐसा होता नहीं। उसकी बजाय अब बिल्ली आती है, जो दरवाज़े के पीछे देहरी पर सिर टिकाए अपनी आँखों का रंग बदलती रहती है। मैंने लोगों से कहते सुना है कि समय बहुत-कुछ सोख लेता है... क्या आप भी ऐसा सोचते हैं? मुझे मालूम नहीं, लेकिन मुझे कभी-कभी लगता है कि वह सोखता उतना नहीं, जितना बुहार देता है—अँधेरे कोनों में, या क़ालीन के नीचे, ताकि बाहर से किसी को दिखाई न दे। लेकिन उसके पंजे हमेशा बाहर रहते हैं—किसी भी अजानी घड़ी में वे आपको दबोच सकते हैं।

[मंच के बीच एक आलोक-वृत्त और वह उसके चारों तरफ़ भागते हुए। तेज़ संगीत।]

शायद मैं भटक रहा हूँ...बियर पीने का यह एक सुख है। आप रास्ते से भटक जाते हैं और चक्कर लगाते रहते हैं—एक ही दायरे के इर्द-गिर्द, राउंड एंड राउंड। आप बच्चों के खेल जानते हैं, जब वे एक दायरा बनाकर बैठ जाते हैं और सिर्फ़ एक बच्चा रूमाल लेकर चारों तरफ़ चक्कर काटता है? आपके देश में भी खेला जाता है? वाह...देखिए न...हम चाहे कितने ही अलग क्यों न हों, बच्चों के खेल हर जगह एक जैसे ही रहते हैं। *(मंच के दाएँ कोने में आकर ठहर जाता है।)* उन दिनों हम सबकी कुछ वैसी ही हालत थी...क्योंकि हममें से कोई भी नहीं जानता था कि वे कब अचानक किसके पीछे अपना फंदा छोड़ जाएँगे। हममें से हर आदमी एक भयभीत बच्चे की तरह बार-बार पीछे मुड़कर देख लेता था कि वह कहीं उसके पीछे तो नहीं है...!

[अपनी मेज़ की तरफ़ लौटता है।]

जी हाँ, उन्हीं दिनों यहाँ जर्मन आए थे। आप तो उन दिनों बहुत छोटे रहे होंगे। मेरी उम्र भी बहुत ज़्यादा नहीं थी और हालाँकि लड़ाई के कारण सुबह से शाम तक काम में जुटना पड़ता था, मैं एक जवान बैल की तरह डटा रहता था। एक उम्र होती है, जब हर आदमी एक औसत सुख के दायरे में रहना सीख लेता है—उसके परे देखने की फ़ुरसत उसके पास नहीं होती, यानी उस क्षण तक महसूस नहीं होती जब तक

ख़ुद उसके दायरे में...नहीं...नहीं...आप ग़लत न समझें। मैंने अपनी पत्नी को कष्ट भोगते नहीं देखा।

[मेज़ से अलग हटकर मंच के बाएँ कोने में कहीं बाहर देखते हुए। संगीत की शुरुआत।]

मैं जब घर पहुँचा, वे उसे ले जा चुके थे। सात बरस की विवाहित ज़िन्दगी में यह पहला मौक़ा था जब मैं ख़ाली घर में घुसा था। दूसरे घरों के पड़ोसी ज़रूर अपनी-अपनी खिड़कियों से झाँकते हुए मुझे देख रहे थे। यह स्वाभाविक भी था। मैं ख़ुद ऐसे लोगों को खिड़की से झाँककर देखा करता था, जिनके रिश्तेदारों को गेस्टापो-पुलिस पकड़कर बन्द गाड़ी में ले जाती थी। लेकिन मैंने यह कभी कल्पना भी न की थी, एक दिन मैं घर लौटूँगा और मेरी पत्नी का कमरा ख़ाली पड़ा होगा। *(बाईं ओर से दाईं ओर बढ़ता हुआ, अन्ततः कोने में जाकर बैठ जाता है।)* मेरी पत्नी की चीज़ें चारों तरफ़ बिखरी पड़ी थीं। कपड़े, किताबें, मुद्दत पुराने अख़बार। अलमारियों और मेज़ों के दराज़ खुले पड़े थे और उनके भीतर की हर छोटी-बड़ी चीज़ फ़र्श पर उलटी-सीधी पड़ी थी—क्रिसमस के उपहार, सिलाई की मशीन, पुराने फ़ोटो-एलबम। आप जानते हैं, शादी के बाद कितनी चीज़ें ख़ुद-ब-ख़ुद इकट्ठा होती जाती हैं। लगता था, उन्होंने हर छोटी-से-छोटी चीज़ को उलट-पलटकर देखा था, कोने-कोने की तलाशी ली थी। कोई चीज़ ऐसी नहीं थी, जो उनके हाथों से बची रह गई हो। उस रात मैं अपने कमरे में बैठा रहा। मेरी पत्नी का बिस्तर ख़ाली पड़ा था। तकिये के नीचे उसका रूमाल, माचिस और सिगरेट का पैकेट रखा था। सोने से पहले वह

हमेशा सिगरेट पिया करती थी। शुरू में मुझे उसकी यह आदत अखरती थी, लेकिन धीरे-धीरे मैं उसका आदी हो गया था। पलंग के पास तिपाई पर उसकी किताब रखी थी, जिसे वह उन दिनों पढ़ा करती थी। जिस पन्ने को उसने पिछली रात पढ़कर छोड़ दिया था, वहाँ निशानी के लिए उसने अपना क्लिप दबा लिया था। क्लिप पर उसके बालों की गन्ध जुड़ी थी।...आप जानते हैं, किस तरह बरसों बाद भी हमें छोटी-छोटी तफ़सीलें याद रह जाती हैं। वह शायद ठीक भी है। विवाह से पहले हम हमेशा बड़ी और अनुभूतिपूर्ण चीज़ों के बारे में सोचते हैं, लेकिन विवाह के बाद अरसा साथ रहने के कारण ये बड़ी चीज़ें हाथ से फिसल जाती हैं, सिर्फ़ कुछ छोटी-छोटी आदतें, ऊपर से सतही दिखनेवाली दिनचर्याएँ, रोज़मर्रा के आपसी भेद बचे रह जाते हैं, जिन्हें हम शर्म के कारण दूसरों से कभी नहीं कहते, किन्तु जिनके बिना हर चीज़ सूनी-सी जान पड़ती है। उस रात मैं अकेले कमरे में अपनी पत्नी की चीज़ों के बीच बैठा रहा।...आख़िर मेरी पत्नी ही क्यों? मैं उस रात बार-बार अपने से यह प्रश्न पूछता रहा। आपको तनिक आश्चर्य होगा कि सात वर्षों की वैवाहिक ज़िन्दगी में पहली बार मुझे अपनी पत्नी पर सन्देह हुआ था, मानो उसने कोई चीज़ मुझसे छिपाकर रखी हो—कोई ऐसी चीज़, जिसका मुझसे कोई सरोकार नहीं था।

[मेज़ की तरफ़ लौटते हुए। अपनी कुर्सी पर आकर बैठ जाता है।]

बाद में मुझे पता चला कि गेस्टापो-पुलिस बहुत दिनों से उसकी ताक में थी। उसके पास कुछ ग़ैरक़ानूनी पैम्फ़लेट और पर्चियाँ

पाई गई थीं जो उन दिनों अज्ञात रूप से लोगों में बाँटी जाती थीं। जर्मन अधिकारियों की आँखों में यह सबसे संगीन अपराध था। पुलिस ने ये सब चीज़ें ख़ुद मेरी पत्नी के कमरे से बरामद की थीं...और आपको शायद यह बात काफ़ी दिलचस्प जान पड़ेगी कि ख़ुद मुझे उनके बारे में कुछ मालूम नहीं था। उस रात से पहले तक मैं और वह एक ही कमरे में सोते थे, प्रेम करते थे...और इसी कमरे में कुछ ऐसी चीज़ें थीं जो उसका रहस्य थीं, जिसमें मेरा कोई साझा नहीं था। क्या आपको यह बात दिलचस्प नहीं लगती कि वे मेरी पत्नी को मुझसे कहीं अधिक अच्छी तरह जानते थे? ज़रा ठहरिए, मैं अपना गिलास ख़त्म कर लेता हूँ, मैं फिर आपका साथ दूँगा। कुछ देर बाद वे बन्द कर देंगे और फिर...नहीं, इतनी जल्दी नहीं। पीने का लुत्फ़ इत्मीनान से पीने में है। हमारी भाषा में एक कहावत है—हमें जी भरकर पीना चाहिए, क्योंकि सौ बरस बाद हम इस दुनिया में नहीं होंगे। सौ बरस...यह काफ़ी लम्बा अरसा है, आप नहीं सोचते? हममें से कोई भी इतने अरसे तक ज़िन्दा रह सकेगा, मुझे शक है। आदमी जीता है, खाता है और पीता है और एक दिन अचानक फट।...नहीं जनाब, भयानक चीज़ मरना नहीं है। लाखों लोग रोज़ मरते हैं और आप चूँ भी नहीं करते। भयानक चीज़ यह है कि मृत आदमी अपना भेद हमेशा के लिए अपने साथ ले जाता है और तुम उसका कुछ नहीं बिगाड़ सकते। एक तरह से वह हमसे मुक्त हो जाता है।

[कुर्सी से उठकर मेज़ के अगले हिस्से पर आकर बैठ जाता है।]

उस रात मैं अपने घर के एक कमरे से दूसरे कमरे में चक्कर लगाता रहा। आपको शायद हँसी आएगी कि पुलिस के बाद मैं दूसरा आदमी था जिसने अपनी पत्नी की चीज़ों की दुबारा तलाशी ली थी—एक-एक चीज़ को उलट-पलटकर पूरी गहराई से उन्हें देखा-परखा था, जैसे मैं उसका पति न होकर भेदिया पुलिस का कोई पेशेवर नौकर हूँ! मुझे रह-रहकर विश्वास नहीं हो पा रहा था कि अब मैं उससे कुछ नहीं पूछ सकूँगा। वह उनके हाथों से बच नहीं सकेगी, यह मैं जानता था। वे जिन लोगों को पकड़कर ले जाते थे, उनमें से मैंने एक को भी वापस लौटते नहीं देखा था। लेकिन उस रात मुझे इस चीज़ ने इतना भयभीत नहीं किया कि मृत्यु उसके बहुत नज़दीक है, जितना इस चीज़ ने कि मैं कभी उसके बारे में पूरा सत्य नहीं जान सकूँगा। मृत्यु हमेशा के लिए उसके भेद पर ताला लगा देगी और वह अपने पीछे एक भी ऐसा सूराख नहीं छोड़ जाएगी जिसकी मदद से मैं उस ताले को खोल सकूँगा। दूसरे दिन रात के समय उन्होंने मेरा दरवाज़ा खटखटाया। मैं तैयार होकर उनकी प्रतीक्षा में बैठा था। मुझे मालूम था, वे आएँगे। अगर मेरी पत्नी उनके सामने सब कुछ क़बूल कर लेती तो शायद उन्हें मेरी ज़रूरत न पड़ती। किन्तु मुझे मालूम था कि मेरी पत्नी अपने मुँह से एक भी शब्द नहीं निकालेगी। मैं उसके 'रहस्य' से अपरिचित रहा हूँ, उसकी आदतों से अच्छी तरह वाक़िफ़ था। वह चुप रहना जानती थी—चाहे यातना कितनी ही भयंकर क्यों न हो!...नहीं जनाब, मैंने अपनी आँखों से उसकी यातना को नहीं देखा, किन्तु मैं थोड़ा-बहुत अनुमान लगा सकता हूँ।

[मंच के बीचोबीच आ जाता है।]

पहला प्रश्न उन्होंने मुझसे जो पूछा, वह बिलकुल साफ़ था—क्या मैं श्रीमती...का पति हूँ? मैं सिर्फ़ उनके इस प्रश्न का उत्तर 'हाँ' में दे सका। बाक़ी प्रश्न मेरी समझ के बाहर थे। किन्तु वे मुझे आसानी से छोड़नेवाले नहीं थे। उन्होंने मेरी इस बात को हँसी में उड़ा दिया जब मैंने उन्हें बताया कि मैं अपनी पत्नी की इन कार्यवाहियों के बारे में कुछ भी नहीं जानता।

[मात्र एक आलोक-वृत्त। वह धीरे-धीरे वहाँ बैठ जाता है। पृष्ठभूमि में संगीत।]

वे मुझे एक अलग सैल में ले गए। पूरे हफ़्ते-भर दिन-रात वे मुझसे सिर्फ़ एक ही तरह के सवाल अलग-अलग ढंग से पूछते थे—मैं अपनी पत्नी के बारे में क्या कुछ जानता हूँ? वह कहाँ जाती थी? किन लोगों से मिलती थी? किस आदमी ने उसे लीफ़लेट दिये थे? मुझसे किसी तरह का भी उत्तर खींचने के लिए वे जो तरीक़े अपनाते थे, उनके बारे में आपको कुछ भी नहीं बता सकता। मैं चाहे कितनी तफ़सील के साथ आपको क्यों न बताऊँ, आप उसका रत्ती-भर भी अनुमान नहीं लगा सकेंगे।...वे मुझे उस समय तक पीटते थे, जब तक मैं चेतना नहीं खो देता था। किन्तु उनमें असीम धैर्य था। वे उस समय तक प्रतीक्षा करते थे जब तक मेरी चेतना वापस नहीं लौट आती थी और फिर वही सिलसिला शुरू हो जाता था—वही पुराने सवाल और अन्तहीन यातना। उन्हें मुझ पर विश्वास नहीं होता था कि मैं—जो अपनी पत्नी के साथ अनेक वर्षों तक

एक ही घर में रहा हूँ—उसकी गुप्त कार्यवाहियों के बारे में कुछ नहीं जानता। वे समझते थे कि मैं उन्हें बेवकूफ़ बना रहा हूँ, उनकी आँखों में धूल झोंकने की कोशिश कर रहा हूँ।... नहीं जनाब, वे मुझे पीटते थे, मुझे इसकी यातना नहीं थी, मेरी यातना यह थी कि उनके प्रश्नों का जवाब देने के लिए मेरे पास कुछ नहीं था। मैं कल्पना भी नहीं कर सकता था कि रोज़मर्रा दैनिक ज़िन्दगी के साथ-साथ वह एक दूसरी ज़िन्दगी जी रही थी—मुझसे अलग, मुझसे बाहर, मुझसे अछूती एक ऐसी ज़िन्दगी जिसका मुझसे कोई वास्ता नहीं था।

[मेज़ की तरफ़ आते हुए, कुर्सी पर बैठ जाता है।]

आपको यह बात कुछ हास्यास्पद-सी नहीं लगती कि अगर वे उसे न पकड़ते, तो मैं ज़िन्दगी-भर यही समझता कि मेरी पत्नी वही है, जिसे मैं जानता हूँ? आप जानते हैं, वे लड़ाई के अन्तिम दिन थे और गेस्टापो अपने शिकार को जल्दी हाथ से नहीं जाने देते थे।...मेरी पत्नी ने आख़िर तक कुछ भी क़बूल नहीं किया। आप जानते हैं, पहली रात जब मैंने अपनी पत्नी को कमरे में नहीं पाया था, तो मुझे काफ़ी ख़ेद हुआ था। मुझे लगा था कि उसने मुझे अँधेरे में रखकर छलना की है। बार-बार यह ख़याल मुझे कोंचता था कि स्वयं मेरी पत्नी ने मुझे अपना विश्वासपात्र बनाना उचित नहीं समझा। लेकिन बाद में गेस्टापो के सामने पीड़ा और कष्ट के असह्य क्षणों से गुज़रते हुए—मैं उसके प्रति कृतज्ञ-सा हो जाता था कि उसने मुझसे कुछ नहीं कहा। उसने एक तरह से मुझे बचा लिया था। मैं आज भी इस बात का निर्णय नहीं कर सका हूँ कि अगर मुझे अपनी पत्नी का

भेद मालूम होता तो क्या मैं चुप रहने का हौसला बटोर सकता था? ज़रा सोचिए, मेरी यंत्रणा कितनी अधिक बढ़ जाती, अगर मेरे सामने क़बूल करने का रास्ता खुला होता। आप मजबूरी में बड़ी-से-बड़ी यातना सह सकते हैं, लेकिन अगर आपको मालूम हो कि आप किसी भी क्षण उस यातना से छुटकारा पा सकते हैं, चाहे उसके लिए आपको अपनी पत्नी, अपने पिता, अपने भाई के साथ ही विश्वासघात क्यों न करना पड़े...तब आप यातना की एक सीमा के बाद वह रास्ता नहीं चुन लेंगे, इसके बारे में कुछ भी कहना असम्भव है। चुनने की खुली छूट से बड़ी पीड़ा कोई दूसरी नहीं। मुझे कभी-कभी लगता है कि निर्णय की इस यातना से मुझे बचाने के लिए ही मेरी पत्नी ने अपना रहस्य कभी मुझे नहीं बताया। आप ऐसा नहीं सोचते? सम्भव है, मैं ग़लत हूँ, लेकिन जब रात को मुझे नींद नहीं आती तो अक्सर मुझे यह सोचकर हल्की-सी तसल्ली मिलती है कि... छोड़िए, मैं समझा नहीं सकता। जब मैंने आपको अपनी मेज़ पर बुलाया था तो इस आशा से नहीं कि मैं आपको कुछ समझा सकूँगा। क्या कहा आपने? नहीं जनाब, उसके बाद मैंने अपनी पत्नी को दुबारा नहीं देखा।

[संगीत। वह कुर्सी से उठकर सामने आ जाता है, जैसे दर्शकों के पीछे कोई पोस्टर पढ़ रहा हो!]

एक दुपहर जब मैं घर लौट रहा था, मेरी निगाहें उस पोस्टर पर जा पड़ी थीं। उन दिनों अक्सर वे पोस्टर तीसरे-चौथे दिन शहर की दीवारों पर चिपका दिये जाते थे। हर पोस्टर पर तीस-चालीस नाम होते थे जिन्हें पिछली रात गोली से मार दिया गया था।

जब मेरी निगाह अपनी पत्नी के नाम पर पड़ी तो मुझे कुछ क्षणों तक यह काफ़ी विचित्र-सा लगता रहा कि उस छोटे-से नाम के पीछे किसी ऐसी औरत का चेहरा हो सकता है, जिसे मैं जानता था और नहीं भी जानता था।...मैंने आपसे कहा न कि जब तक आप अपनी आँखों से किसी को मरते न देख लें, आपको विश्वास नहीं होता कि अब वह जीवित नहीं है।...एक धुँधली-सी आशा बनी रहती है कि आप दरवाज़ा खोलेंगे...।

[पुनः कुर्सी की तरफ़ लौटता है। ओवरकोट उठाकर पहनता है।]

लेकिन देखिए, मैं अपनी बातें दुहराने लगा हूँ। बियर पीने का यह सुख है कि आप एक ही दायरे के इर्द-गिर्द चक्कर लगाते रहते हैं—राउंड एंड राउंड!...आप जा रहे हैं? ज़रा ठहरिए, मैं 'सलामी' के कुछ टुकड़े अपनी बिल्ली के लिए ख़रीद लेता हूँ। बेचारी इस समय तक भूखी-प्यासी मेरे इन्तज़ार में बैठी होगी। नहीं...नहीं...आपको मेरे साथ आने की ज़रूरत नहीं है। मेरा घर ज़्यादा दूर नहीं है और मैं पीने की अपनी सीमा जानता हूँ। मैंने आपसे कहा था न—सिर्फ़ डेढ़ इंच ऊपर।

[अनुपस्थित पात्र के साथ-साथ बाहर निकल जाता है। संगीत के साथ ही सारा आलोक अँधेरे में डूब जाता है।]

वीकएंड

वीकएंड में सुरेखा सीकरी

अँधेरा। मंच के बीचोबीच उभरता एक आलोक-वृत्त। कहानी की नायिका चाय का कप हाथ में लिये खड़ी है और दूर कहीं देख रही है—टेप-रिकॉर्डर पर आती उसकी आवाज़।

...यह मैं याद रखूँगी, ये चिनार के पेड़, यह सुबह का भूरा आलोक। और क्या याद रहेगा? पेड़ों के बाद बदन में भागता यह हिरन, आइसक्रीम का कोन, घास पर धूप में चमकता हुआ एक साफ़, धुली पीड़ा की फाँक जैसा, मानो अकेला अपने को टोह रहा हो!

[अलार्म की आवाज़। पलंग और उसके पास रखा स्टूल आलोकित हो उठता है। वह स्टूल पर रखा अलार्म उठा लेती है और उसे बन्द कर देती है।]

सोते रहो तो कुछ नहीं—लेकिन अगर जागते में सुनाई पड़े, तो वह सचमुच में अलार्म-सा सुनाई देता है, एक ख़तरा, एक चेतावनी—कमरे के आधे अँधेरे में चीख़ता हुआ जन्तु, जिसके मुँह पर अँगुली रखने से वह चुप हो जाएगा, इसकी कोई गारंटी नहीं।

[चाय का कप स्टूल पर रखकर, पलंग के पैताने पड़ी पैंट उठा लेती है।]

हम अगर अपने कमरे में हों, अपने बिस्तर पर रात गुज़ारी हो तो, तब मुश्किल नहीं पड़ती। तब आँखें खोलते ही हम वहाँ से शुरू होने लगते हैं, जहाँ पिछली रात ख़त्म हुए थे। लेकिन पराये कमरे में हर चीज़ ठिठकी रहती है, एक ख़ाली फ्रेम, एक रफ़ ड्राफ्ट की तरह—अपने उतारे हुए कपड़े, आधे पानी का गिलास, उसकी नंगी बाँहें—सब कुछ पिछली रात जुड़े हुए अपने-अपने बोझ के संग।

[पैंट पहनने लगती है और नाइटी उतार देती है।]

हर दिन के साथ एक नया साहस शुरू होता है।...यह हमारा घर है, वह कहता था—तुम हमारी हो और मुझे सचमुच लगता, जैसे मैं उस 'हमारे' में शामिल हूँ। वह कहता था, मैं सुनती थी...घर कहीं न था, इसीलिए घर की आवाज़ अच्छी लगती थी। इस आवाज़ में धूप होती थी और जब वह कहता था, तुम हमारी हो, तो वह धूप एक घने जंगल में चली जाती थी।

वीकएंड में सुरेखा सीकरी

सुरेखा सीकरी की एक और मुद्रा

वीकएंड में सुरेखा सीकरी

[पृष्ठभूमि में कहीं दूर एक रेलगाड़ी के गुज़र जाने की आवाज़। पलंग पर बैठकर सैंडिल पहनती है।]

अपने 'वीकएंड' हम हमेशा दूसरे शहर में गुज़ारते थे, जो बहुत पास था...लेकिन ट्रेन में बैठकर लगता था, जैसे हम दोनों अरसे से साथ रहते आए हैं। वह अपना सिर मेरे कन्धों पर रख देता और मैं बाहर देखती।

[पलंग के बाईं ओर रखे स्टूल की ओर आती है, उस पर पड़ा ब्रश उठाकर बाल सँवारने लगती है।]

ये हमारे दिन थे। जब मैं बाहर जाती, लोग समझते थे, मैं काफ़ी अकेली हूँ। मैं चलती जाती थी—अपनी दुनिया के हाशिए पर, धूप में ऊँघते हुए, और तब सहसा पाँव रुक जाते और मैं रात के बारे में सोचती, जो पिछली रात थी। जब हम साथ थे, अगली रात के बारे में, जो पूरे हफ़्ते बाद आती। शनिवार, इतवार—जैसे नीचे रेल के पहिये केवल इन दो शब्दों को दुहराते हुए चक्कर काट रहे हों! कितना अजीब है, बचपन में रेल के पहिए जिन शब्दों को दुहराते थे, वे अब भी वैसे ही हैं—मरते हुए, ऊपर उठते हुए, फिर मरते हुए...!

[पलंग के नीचे रखे बैग में नाइटी, ब्रश इत्यादि समेटती है।]

मरता कोई नहीं। आख़िर तक जाकर सब लौट आते हैं। दिन भी ख़त्म नहीं होता। दूसरे दिन वही घड़ी लौट आती है,

जो पिछली रात ज़ंजीर तोड़कर बाहर अँधेरे में भाग गई थी, पालतू कुत्ते की तरह पाँव के पास आकर बैठ जाती है—हाँफती हुई। जैसे यह दिन, रेल के डिब्बे में बन्द धूप में उनींदी आँखें, जिन्हें मैं अपने होंठों में मूँद लेती—अगर आसपास इतने लोग न होते।

[पलंग के दाईं ओर रखे स्टूल पर से अपना पर्स उठाने आती है।]

नहीं, मरता कोई नहीं। हवा में उठा हुआ संकेत भी नहीं, जो एक जगह उठा रहता है, अपनी तरफ़ बुलाता है और मैं भागती हुई उसके पास बैठ जाती हूँ।

[अँधेरा और तुरन्त मंच का अगला हिस्सा आलोकित हो उठता है। वह अपने पर्स और बैग के साथ जैसे पार्क में आ गई है!]

हम रेल से उतरकर स्टेडियम के मैदान में बैठ जाते थे। चारों तरफ़ घास थी—लम्बी, भूरी घास। तार के खम्भे थे, काफ़ी दूर बोर्डिंग हाउस की इमारत थी—मैं बैठी थी, जैसे यह मेरी इतवार की पिकनिक हो!

[बैग में से एक चादर निकालकर घास पर बिछा देती है।]

जब हम रेल में बैठे थे, मैंने उससे कहा था कि इस बार मैं अकेली बेंच पर नहीं बैठूँगी। वह अपनी बच्ची को बाहर मैदान में ला सकता है। मैं उसे देखूँगी, खेलते हुए और वह जान भी

न पाएगी कि मैं 'वह' हूँ जो उसके साथ आई है। वह मैं हूँ, यह मेरे अलावा वहाँ कोई न जानेगा और तब उसे भी बुरा न लगेगा कि वह किसी 'परायी' लड़की के साथ अपनी बच्ची से मिलने आया है...मुझे तो बुरा नहीं लगेगा?—उसने कहा था। बुरा क्यों लगेगा? मैं महीनों से उसकी बच्ची को देखने को उत्सुक रही हूँ।

दूर पैवेलियन की ख़ाली बेंचें थीं, एक के ऊपर एक किसी पुराने रोमन एंफीथियेटर की तरह। लाल टिन की छत धूप में चमचमा रही थी। यह मार्च का दिन है, जो उठने के साथ-साथ चमकीला होता जाता है।

[उठ खड़ी होती है और मंच के दाएँ कोने की ओर बढ़ती है।]

...यहाँ मैं हूँ। वह आदमी बच्ची से मिलने आया है। शाम तक वे खेलेंगे। मैं उन्हें देखूँगी। रात को हम लौटेंगे। ये शब्द तसल्ली देते हैं, ख़ुद ख़ाली होकर भी मेरी ख़ाली जगहों को ढक देते हैं।

[मंच का अगला हिस्सा धीरे-धीरे मंद और पिछले हिस्से में पूरा आलोक, जैसे वह सोचती-सोचती पुनः कमरे में आ गई है! पलंग पर बैठ जाती है।]

यह मैं अब समझती हूँ। पहले मैं ऐसी नहीं थी—पहले मैं ज़बरदस्ती करती थी। पाँच दिन काम के बाद जब मैं उसके कमरे में आती, मेरी तसल्ली ख़त्म हो जाती। क्या हम ऐसे ही मिलते रहेंगे, चोरों की तरह? चोर भी बाहर निकलते हैं।

तुम कोई फ़ैसला लो। न इधर, न उधर! मैं बच्चों की तरह कपड़े खींचने लगती। कमरे के चारों तरफ़ चक्कर काटने लगती। सब कुछ काटने को दौड़ता। मैं ख़ुद सबको काटने दौड़ती। वह सुन्न-सा होकर मेरी तरफ़ देखने लगता। फिर मैं उसे देखती और रोने लगती। कुछ मुझे डर लगता, मुझे उसके सुन्न हो जाने से बहुत डर लगता। मुझे डर लगता कि जैसे उसकी पत्नी ने उसे खो दिया है, मैं भी उसे खो दूँगी। नहीं, तुम ऐसे ही ठीक हो, मैं धीरे से फुसफुसाती...और वह मुझे खींच लेता। हम दोनों एक-दूसरे को पकड़ लेते। हम छूने लगते, एक-दूसरे की ख़ाली जगहों को, जहाँ भूत बसेरा करते थे। वे मेरे होंठों, मेरे किटकिटाते दाँतों के नीचे काँपने लगते। मुझे लगता, जैसे मेरे होंठ पहली बार उसके अंगों की यात्रा कर रहे हों! हम ऊपर चढ़ते जाते थे और जब वह शिखर को छू लेता तो मैं भागती हुई उसे पकड़ लेती थी और कुछ देर तक हम एक-दूसरे की साँसों में ढके हुए वहीं लेटे रहते—वहीं शिखर पर। वहाँ कोई न होता था—न भूत-प्रेत, न कोई शोर, सिर्फ़ एक सुख का सन्नाटा। फिर जब हम नीचे उतरते, मैं तौलिए से अपनी देह पोंछने लगती, जहाँ-जहाँ मैं उसकी चाहना के नीचे भीगी थी। उसकी देह पोंछने लगती—बच्चों की-सी सफ़ेद निरीह देह, जो विवाहित होने के बावजूद कुँआरी जान पड़ती। यह सोचना असम्भव लगता कि बहुत पहले कभी दूसरे हाथों ने उसे छुआ होगा, अपने में समेटा होगा। देह के जिन कोनों में मेरी पीड़ा फँसी है, वहाँ उसके प्रेत हैं। मैं उन्हें खोलती हूँ। वे आते हैं।

[कमरा फिर अँधेरे में और पार्क आलोकित हो उठा है। वह पलंग से उठकर पुनः अपनी जगह पर—सामने की ओर देखती हुई।]

वे आ रहे हैं, मैं उन्हें दूर से देख सकती हूँ। उनकी आवाज़ें हवा पर उठती हैं और मेरा दिल बैठने लगता है।

फिर सहसा बच्ची ठिठक गई, जैसे ऊपर की साँस ऊपर, नीचे की नीचे। उसने आदमी का हाथ कसकर पकड़ लिया। उसकी आँखें काफ़ी चौकन्नी रही होंगी।

मैंने मुस्कराने की कोशिश की। बच्ची मेरी कोशिश को देख रही थी। हमेशा से बच्चे मुझे आतंकित करते रहे हैं। और अगर वे लड़कियाँ हों तो और भी ज़्यादा, क्योंकि तब मुझे लगता है, जैसे वे मेरा 'भेद' जानती हों! वह उसकी बच्ची है, उस आदमी की, जिसे मैं चाहती हूँ, जिसे मैं बेहद चाहती हूँ।

उसने बच्ची के कानों में कुछ कहा। शायद कहा कि बेंच पर बैठी लड़की को वह जानता है। वह अजनबी नहीं है, उसे उससे डरना नहीं चाहिए। बच्ची मुझे देखती रही...तनी हुई रस्सी कुछ ढीली पड़ी, लेकिन जहाँ पहचान आनी चाहिए थी, वहाँ सिर्फ़ सलवटें थीं और तब मुझे हैरानी हुई कि बच्ची उम्र में चाहे छोटी हो, उसकी अपनी शर्तें हैं और अपनी शर्तों में वह उतनी ही आत्मनिर्भर और अकेली है जितनी यहाँ मैं। हम दोनों एक मैदान में हैं...और दोनों को किसी लिहाज़ की ज़रूरत नहीं।

[नीचे लेट जाती है और एक सिगरेट सुलगा लेती है।]

मार्च की हवा ऊपर से गुज़र जाती है। उन्होंने मुझे अकेला छोड़ दिया है...वह अब उससे खेल रहा है। दोनों रेत के ढूहों के बीच भाग रहे हैं।

तुम ऊब तो नहीं रहीं?...नहीं, मैं नहीं, मैं ऊब नहीं रही। मैं मज़े में हूँ।

मैं सचमुच मज़े में हूँ। यह कितना खुला दिन है! मैं कितनी खुली हूँ! मैं कहीं भी जा सकती हूँ...।

[अधलेटी होकर सामने देखती है।]

कितना आसान है! उसने आइसक्रीम ख़रीदी है—एक बच्ची के लिए, दूसरी मेरे लिए। एक क्षण के लिए हम अपनी दूरी पाट जाते हैं। लगता है, वह मेरी साथिन है।

पर वह मुझे अजीब कातर निगाहों से देखती है, जैसे पास आना चाहती हो! लेकिन डर छोड़ना नहीं चाहती। डरपोक लड़की...! मैं अपना ग़ुस्सा दबाकर उसके डर का काँटा बाहर निकालती हूँ, तब देखती हूँ, जैसे उसकी सारी आत्मा लहूलुहान है और मैं जल्दी से काँटे को वहीं दबा देती हूँ, जहाँ वह पहले था। वह लौट जाती है। मेरे पास उसे देने को कुछ नहीं है।

[उठ खड़ी होती है।]

कितना आसान है! मैं कहीं भी जा सकती हूँ। मेरे लिए सब कुछ खुला है। मेरे कोई बन्धन नहीं, जैसे उसके हैं—एक छोड़ी हुई पत्नी, एक बँधी हुई बच्ची...बीच में मैं...ख़ाली जगह को भरती हुई, हवा की तरह, जो हर सूने कोने में बसेरा कर लेती है और जब फैलती हुई दुनिया उस ख़ाली जगह को भरने का दावा करती है तो मैं कुछ भी नहीं कहती, अपना बोरिया-बिस्तर उठाकर दूसरी तरफ़ चल देती हूँ।

लेकिन मैं जाऊँगी कहीं नहीं, मैं यहाँ हूँ, पार्क के एक कोने में, खुली रोशनी के नीचे—उनकी आवाज़ें सुनती हुई। यह मेरा वीकएंड है। इसे कोई मुझसे नहीं छीन सकता।

[मंच के बाएँ कोने में आकर दूर देखती हुई। टेपरिकॉर्डर पर मेरी-गो-राउंड और बच्ची की चीख़ें।]

वे अब भी घूम रहे हैं—'मेरी-गो-राउंड' के चक्कर में, कोई आवाज़ नहीं। सिर्फ़ पत्तों की सरसराहट के बीच चीख़ें सुनाई देती हैं। वह घोड़े पर है—लकड़ी के लाल-नीले घोड़े, मोटरें, ट्रैक्टर, ऊपर-नीचे उठते हुए। दूर से वे कठपुतलियाँ दिखाई देते हैं, एक-दूसरे के पीछे भागते हुए, हवा में तिरते हुए। वह किनारे पर खड़ा है, हल्के-से उसके घोड़े को धक्का देता है, अपने से परे, फिर भी इतना परे नहीं, जहाँ सुरक्षा न हो।... नहीं, बच्ची की चीख़ों में कोई डर नहीं। वे डर के हाशिए को छूकर लौट आती हैं। वे पंखों-सी हल्की हैं, हवा में बहती हुई, धूप में चमचमाती—वे एक बहाना हैं, जहाँ डर लगता है, होता नहीं। मुझे पहली बार ईर्ष्या हुई, एक सूखी-सी जलन, जिसे मैं पीछे छोड़ आई थी।

[सिगरेट घास पर मसल देती है और पुरुष व उसकी बच्ची को जाते हुए देखती रहती है।]

तुम यहीं बैठो—मैं इसे छोड़कर अभी आता हूँ।

बच्ची अलग खड़ी थी—अपने पिता के पीछे सिमटी हुई। बिस्कुट, केक, फलों के लाल फ़ीतों से बँधे डिब्बे—जिन्हें पिछले दिन हमने ख़रीदा था—अब बच्ची के हाथों में थे। पूरे एक हफ़्ते तक चलनेवाली चीज़ें। इस बार मैंने बच्ची को ध्यान से देखा, जैसे उसे पहली बार देख रही हूँ—छोटा चेहरा, हल्का-सा पीला, दोनों होंठ अधखुली डिबिया-से खुले, लेकिन आँखें बहुत बड़ी और काली। किनारे से देखो, तो बाप-जैसी ही बीहड़।

वह जान गई थी, यह जाने की घड़ी है और किसी तरह का विरोध बेमानी है। बच्चे अपनी नियति को उसी तरह सूँघ लेते हैं, जैसे कुत्ते आनेवाली मौत को—एक सीमा के बाद वे छटपटाना छोड़ देते हैं।

पर ठीक है, किसी दिन बड़ी उम्र में जब वह अपना चेहरा देखेगी, तो यह दुपहर शीशे के बाहर झाँकेगी—उसकी तरफ़ ताकती हुई। वह सोचेगी, जब मैं छोटी थी, एक अजनबी लड़की मेरे पिता के साथ आई थी, दिन-भर घास पर बैठी रही थी। वह कभी दुबारा नहीं आई, लेकिन हम दोनों ने एक साथ आइसक्रीम खाई थी। कितना अजीब है, बड़े होकर सिर्फ़ छोटी चीज़ें याद रह जाती हैं—धूप में चमकते मूँगफलियों के छिलके, आइसक्रीम का कोन!

[पर्स में से आईना लेकर मेक-अप ठीक करती है, डायरी निकालकर लिखने लगती है और फिर सो जाती है। दूर कहीं घड़ी की टन-टन की आवाज़ सुनकर उठ बैठती है और चारों तरफ़ देखती हुई।]

वह छाया, जो पैवेलियन की छत से पेड़ों पर, पेड़ों से पार्क पर उतर आई थी, अब शहर के स्क्वायर को घेरने लगी थी। लगता था, वह छोटा शहर दो हिस्सों में कट गया है—आधा घिरते अँधेरे में, आधा सिकुड़ती धूप में।

छोटे शहर की अपनी दराज़ें होती हैं, एक खींचो तो सब कुछ बाहर निकल आता है—धुँधुआती बत्तियाँ, गिरजे पर उड़ते कबूतर, लड़कियों का बोर्डिंग-हाउस, लम्बे शीशोंवाली खिड़कियाँ।

[जिधर से पुरुष आ रहा है, उस तरफ़ देखते हुए।]

अब वह आ रहा है। मरती हुई धूप में चमकते पत्थर, उन पत्थरों पर चलते उसके पैर, और तब मुझे यह चमत्कार-सा जान पड़ा कि यह आदमी मेरा है, मेरे पास आ रहा है—यह एक अद्‌भुत अविश्वसनीय घटना थी—सिनेमा के एक दृश्य की तरह—जब रील खोलो, तब वही एक घटना—खिड़की के स्क्वायर पार करता हुआ वह आदमी, धूप में चमकते पत्थर, पत्थरों पर चलती पैरों की छाया—ये शाश्वत चीज़ें हैं, जिन्हें कोई मुझसे नहीं छीन सकता, न वह बच्ची, न उसकी पत्नी।

[पुरुष की उपस्थिति को अनुभव करती है।]

उसकी साँस मेरी तरफ़ आई थी। मैं आँख मूँदकर उसकी साँस पहचान सकती हूँ—उसके कपड़ों की गन्ध की तरह। सबसे पहले मैंने उसकी घबराहट को देखा, जब वह मेरे पास आया था। फिर उसकी साँस आई थी। फिर उसने मेरे कन्धे को छुआ, उसी जगह, जहाँ प्यार करते समय उसके भूखे होंठ होते थे। फिर वह धीरे-से मुस्कराया—हालाँकि चेहरे की ख़ुश्की जैसी थी, वैसी जमी रही। मुझे देर तो नहीं हुई?—उसने मेरी तरफ़ झाँका। उसकी आवाज़ में हल्की-सी थरथराहट थी, जैसे हवा में बिजली का तार काँपता है! मैं चाहता था, उसे सुलाकर लौट सकूँ...तब मैंने उसकी तरफ़ देखा, जैसे महज़ सीधा देखने से ही मैं उसकी पीड़ा ढक लूँगी। वह सो गई थी?—मैंने पूछा। वह हिचकिचाहट, झूठ और सच के बीच उसकी हिचकिचाहट, बहुत पुरानी थी। जब मैंने पहली बार उससे पूछा था कि वह

विवाहित है, मुझे उसकी झिझक बहुत हास्यास्पद लगी थी, क्योंकि सच पूछो तो मुझे रत्ती-भर परवाह नहीं थी कि विवाहित है या नहीं, जब तक वह मेरे पास है, हालाँकि उसकी बच्ची को देखने की उत्सुकता शुरू से ही थी।

नहीं, जब मैं उसे छोड़कर आने लगा तो वह रोने लगी। उसने अपने चेहरे को मेरी अँगुलियों से ढक लिया। मैं वहीं खड़ा रहा...वार्डन ने मुझे जाने के लिए कहा, क्योंकि जितनी देर मैं वहाँ खड़ा रहूँगा, उसकी उम्मीद बनी रहेगी कि मैं उसे छोड़कर जाऊँगा नहीं। जब मैं सीढ़ियाँ उतरने लगा, तब भी मुझे उसकी चीख़ें सुनाई दे रही थीं। चीख़ें...काफ़ी बीहड़ जंगल रहा होगा, वहाँ अकेली बच्ची रहती होगी।

रात को जब वह मेरी देह को छुएगा तो सीढ़ियों पर उतरती हुई चीख़ें ठिठक जाएँगी। अपने-आप उलटे पाँव लौट जाएँगी। इस दुनिया में मुझे किसी पर उतना भरोसा नहीं, जितना अपनी देह में, देह की चाहना में। उसके सहारे वह जहाँ भी हो, वहाँ से मैं उसे खींचकर ला सकती हूँ। उसमें जादू है—वह ख़ुद अपने में जादू है।

लेकिन इस क्षण नहीं। इस क्षण मेरा उससे कोई वास्ता नहीं। उसके हाथ मेरी देह से परे हैं...।

[अपना सामान समेटने लगती है। पार्क अँधेरे में और कमरे में प्रकाश। वह डायरी हाथ में लिये जैसे पढ़ रही है। टेपरिकॉर्डर पर उसकी आवाज़।]

वह अलग समय था। मैं शुरू गर्मियों में उससे मिली थी।

फिर सर्दियाँ आई थीं और मैंने सोचा था, अब कोई फ़ैसला होगा...वह यहाँ होगा, जहाँ मैं हूँ, या दूसरी तरफ़,

जहाँ हम चोरों की तरह मिलते हैं, जहाँ सुनसान वीकएंड हैं, बहुत दूर बच्ची है, आती-जाती रेलें हैं...।

फिर इन पेड़ों पर पत्ते आना शुरू हुए। जब हम प्यार करते, पेड़ों की तरह फ़ासले गुज़र जाते।...गर्मियों के दिन भी, सीढ़ियों पर उतरना-रोना भी।

फिर वह दिन आया, जब मैंने सोचा था, अब उससे कभी नहीं मिलूँगी। मैं सड़क पर चलती रहूँगी और अगर वह कहीं दिखाई देगा तो उसकी तरफ़ देखूँगी भी नहीं, पीछे मुड़कर भी नहीं—जैसे वह हवा है, और मैं आँखें मूँदकर उसके बीच से गुज़र जाऊँगी। *(डायरी पढ़ना बन्द कर देती है और पलंग पर बैठ जाती है।)* लेकिन जब मैं आँखें खोलती, वह वहीं होता। जहाँ वह पहले था, मैं उसके भीतर होती—एक सन्नाटे की तरह, और वह करवट बदलकर मेरी तरफ़ देखता। मैं ठीक हूँ, वह कहता, तुम अभी सोईं नहीं? अभी...सारी रात बाक़ी है...सुनो, तुम अब भी सोच रहे हो? किसके बारे में? उसने आँखें खोलीं और हल्के कौतूहल से मेरी तरफ़ देखा। जब शाम हुई थी, मैंने कहा, तुम सीढ़ियाँ उतर रहे थे, वह रो रही थी।

[मंच के दाएँ कोने में टेलीफ़ोन की ओर बढ़ती है।]

मैं बाहर आई और चलती गई...फिर रुक गई—सब जगह अँधेरा था। सिर्फ़ गलियारे के बीच, सीढ़ियों के पास एक पीली बत्ती टिमटिमा रही थी। उसके नीचे टेलीफ़ोन था—मुझे अपनी ओर खींचता हुआ।

[रिसीवर उठा लेती है।]

जब रिसीवर उठाया तो आपरेटर की आवाज़ सुनाई दी—कौन-सा शहर? कौन-सा नम्बर? नम्बर मिलते ही वह ठिठक गई। मुझसे पूछा—कौन? आप कौन हैं?

मैंने प्रश्न को अलग ठेलते हुए कहा—देखिए, मैं सिर्फ़ यह जानना चाहती थी कि वह सो गई...या अब भी रो रही है?

कौन-सी बच्ची? यहाँ डेढ़ सौ बच्चे हैं—दूसरी तरफ़ से आवाज़ आई। डेढ़ सौ बच्चे? मैंने जल्दी से रिसीवर अपनी जगह रख दिया, जैसे वह सुलगता कोयला हो!

[कमरे में लौटने लगती है।]

डेढ़ सौ बच्चे, डारमेट्री में एक सिरे से दूसरे सिरे तक लेटे हुए, जिनके पीछे उस बच्ची का चेहरा था, जो दोपहर को पार्क में खेल रही थी। मैं हँसने लगी और ठहर गई, जैसे चलते-चलते हँसना असम्भव हो...और तब अँधेरे में अकेले हँसते हुए मुझे एक चीज़ पता चली कि दुःख ही एक ऐसा तत्त्व है, जो अलग-अलग बँटकर छोटा नहीं होता, बड़ा भी नहीं होता—सिर्फ़ साफ़ हो जाता है, चमकीला और साफ़।

[पलंग पर आकर बैठ जाती है।]

मैं लौटने लगी। मुझे अब कोई परवाह नहीं थी, जैसे मैं अचानक हल्की हो गई थी! कमरे में आई, तो देर तक उसके सामने बैठी रही—अपने कम्बल में लिपटी हुई। खिड़की के बाहर मैली-सी रोशनी फैलने लगी थी। मैं उन चिनार के पेड़ों को देखती रही, जो अँधेरे के बाहर निकल रहे थे।

कभी-कभी ऐसा होता है कि आदमी जीता हुआ भी क़रीब-क़रीब मरने की सीमा तक पहुँच जाता है—मरता नहीं, लेकिन मरते हुए प्राणी की तरह सारी ज़िन्दगी घूम जाती है—मेरी-गो-राउंड की तरह सब चूके हुए मौक़े और आधे फ़ैसले काठ के घोड़ों की तरह एक-दूसरे के पीछे भागते हैं, लेकिन उनके बीच का अन्तर वही रहता है, जैसा शुरू में था—कोई किसी को पकड़ता नहीं।

[पलंग के सिरहाने आ जाती है।]

मैं उसे पकड़ती हूँ—और वह मुझे खींच लेता है, अपनी देह की गरमाई में। तुम जा रही हो? उसकी सोई आवाज़ में पिछली दोपहर की गन्ध थी—घास की, बीते हुए समय की...मैं फिर आऊँगी, मुझे ख़ुशी हुई कि मैं इन गन्धों के बासी होने से पहले ही जा सकती हूँ। मैं फिर आऊँगी अगले हफ़्ते, लेकिन इस समय मैं जा सकती हूँ—अपने अकेले कमरे में, अपने ठंडे अनछुए बिस्तर पर। मुझे उन दंपतियों पर हमेशा हैरानी होती है जिन्हें एक दिन के बाद दूसरे दिन भी साथ रहना पड़ता है। वे कैसे उन भूरे रंग के ख़ाली अन्तरालों को जोड़ पाते होंगे, जिनसे देह की उत्सुकता और पीड़ा उपजती है? नहीं, सोए हुए बिस्तरों की आत्मीयता मेरे लिए नहीं है—वे उन फ़ैसलों की तरह हैं, जिनसे परिवार बनते हैं।

[अपने बैग और पर्स के साथ कमरे से बाहर निकल आती है। मंच का पिछला हिस्सा अँधेरे में डूब जाता है।]

मेरे लिए वीकएंड हैं—अँधेरे में अलग-अलग लैंप-पोस्टों की तरह जलते हुए। सुबह होते ही वे बुझ जाते हैं और मैं अपना पर्स और टुथ-ब्रश लेकर बाहर आ जाती हूँ। मैं सुबह ही लौट आती हूँ—चोरों की तरह, ताकि दूसरे पड़ोसी मुझे अपार्टमेंट से बाहर आते हुए न देख सकें।

जाने से पहले मैं एक बार—आख़िरी बार उसके कमरे को देखती हूँ—दीवार की तरफ़ मुड़ा हुआ उसका सिर, आधे तकिये पर मेरे सिर का निशान, बच्ची के बहुत पुराने खिलौने, जिनकी अब कोई ज़रूरत नहीं। मेरी कुछ किताबें, जिन्हें मैं हर हफ़्ते वहीं छोड़ आती हूँ...और वे तीन चिनार के पेड़, जहाँ पहले पत्ते थे, अब वे ख़ाली हैं। फिर बसन्त के दिन आएँगे और मैं अगली गर्मियों की प्रतीक्षा करूँगी, उसके बाद पतझर और फिर सर्दियों के छोटे, धुँधले दिन...।

[मंच के दाएँ कोने की ओर बढ़ आती है।]

मैं सीढ़ियाँ उतरती हूँ और बाहर चली जाती हूँ। सड़कों का कोलाहल सहसा मुझे एक अजीब तसल्ली देता है—काम पर जाते हुए लोग, भरी हुई ट्रामें, स्कूल जाते हुए बच्चे—कभी-कभी उनमें से कोई मुझे उत्सुक आँखों से देखने लगता है। सोचता होगा, कितनी अकेली लड़की है! पता नहीं, इतनी सवेरे कहाँ जा रही है?

नहीं, मैं कहीं जा नहीं रही, सिर्फ़ लौट रही हूँ।

[वह सामने देखती हुई। धीरे-धीरे अँधेरा।]